α plus《アルファ プラス》

入試突破

夢をかなえる古典文法

皆吉《みなよし》のスペシャル授業

皆吉淳延 著

開拓社

はじめに

受験生から「古典文法が苦手でどうしようもありません」「古文を数多く読むことで、文法力が自然と身につくと言われました。だけど、そもそも古文が読めません」といった悩み相談を毎年受けます。

僕も受験生の時古典文法が苦手でした。例えば、偉い人（高貴な人）が主語だったら助動詞の「る」「らる」は「尊敬」の意味になると習いました。しかし、古文では頻繁に主語が省略されます。

そんな時「尊敬語＋る・らる」と覚えておくと便利です。「る」「らる」の上に尊敬語が付くと「る」「らる」は「尊敬」の意味になる時が多いのです。残念ながらこの公式を受験時代には知りませんでした。

読解にも公式があるように、文法にも公式が存在します。公式を徹底的に覚えることが合格への近道です。入試に出題される文法問題の多くは公式に当てはめるだけで解けるものがものすごく多いのです。

文章中の言葉一つ一つには、書き手の思いやメッセージが込められています。つまり、言葉は心を持った生き物なのです。生き物である以上画一化することはできません。個々の言葉の意味は文脈により決まります。したがって公式が通用しない例も稀にあります。でも、安心してください。文法公式の他に、読解公式もあります。文脈判断の仕方を覚えれば大丈夫です。読解公式に関しては、本書が大ヒットしたら、第二弾として書籍化を考えています（笑）。

古典文法は決して難しくありません。そのことを証明します。古文の勉強で一番やっかいな文法をわかりやすく、丁寧に解説します。高校1年生～浪人生まで安心してついて来てきてください。

僕は勉強が大の苦手でした。小学校から落ちこぼれでした。得意科目は一つもありませんでした。高校受験では全日制高校に落ち、二次募集で定時制高校に合格しました。しかし、せっかく合格できた定時制高校を中退となり、中卒となってしまいました。小学生レベルの基礎学力もない僕はまさにどん底からのスタートでした。「お前の頭では大学合格は絶対無理だ」と言われたこともありました。大学受験を志した時、偏差値３０でした。不安を抱えながらゼロからのスタートでした。

しかし、一所懸命努力した結果大学に合格することができました。その後、大学院にも合格しました。勉強方法さえ間違えなければ、どんなに落ちこぼれていても大学生になれるのです。一所懸命な努力は裏切りません。

今の成績で志望校を決めるのではなく、自分の可能性を信じよう!

本書の使い方

一講ずつ丁寧に読み進めてください。最低３回は繰り返しましょう。

最重要ポイントは、「皆吉の合格板書」にまとめました。皆さんがノートにまとめる時間を省くことができます。数分で復習できるよう工夫してあります。

最終的には「皆吉の合格板書」を見ただけで授業内容が頭に浮かぶようになってください。

合格単語集５２３《ごーにーさん》も覚えて行きましょう。毎日音読しながら暗記しましょう。繰り返すことで自然と定着します。単語の一日の暗記量は、個人のレベルに合わせて設定してください。無理をせず、焦らず、怠けずに、コツコツと進めましょう。

それでは、皆吉と一緒に、皆さんの成績が「みんな良し」となるように頑張りましょう!

目次

はじめに……2
本書の使い方……3
第一章　文法の基本！　用言を征服！……8
第一講　動詞の公式　動詞はどうしようもなく簡単だ！……8
動詞は例外が狙われる！
第二講　形容詞の公式・形容動詞の公式……22
形容詞の語幹用法と形容動詞の見分け方に注意！
古典に親しむ
ブサイク男の婿入り（笑）……35

第二章　入試頻度ナンバー1　助動詞を征服！……38

第三講　助動詞の接続公式　助動詞は接続が命だ！……38
※必勝公式＋合格板書＝合格！……42
第四講　「る」「らる」の必勝公式……45
「す」「さす」「しむ」の必勝公式……52
第五講　「り」「たり」の必勝公式……56
「ず」「ぬ」「つ」の必勝公式……59
第六講　「き」の必勝公式……70
「けり」の必勝公式……72
第七講　「なり」の必勝公式……77
「めり」の必勝公式……86

第八講 「む」「むず」「じ」の必勝公式……90
第九講 「まし」の必勝公式……98
「らむ」「けむ」の必勝公式……102
第十講 「べし」の必勝公式……112
「まじ」の必勝公式……115
「らし」の必勝公式……120
第十一講 「まほし」「たし」「ごとし」の必勝公式……123
断定の「たり」の必勝公式……125
「に」の必勝公式……126
古典に親しむ
一寸法師は悪者だった？……136

第三章 合格まであと一歩！ その他の品詞を征服！

……138
第十二講 係助詞の公式 「ぞ」「なむ」「や」「か」「こそ」など……138

第十三講

副助詞の公式「だに」「すら」「さへ」「し・しも」……152

接続助詞の公式「ば」「ど・ども」「と・とも」「で」「て」「ながら」「つつ」……158

「ものを・ものから・ものの・ものゆゑ」……164

第十四講

格助詞の公式「の」「より」……166

終助詞の公式パート1「なむ」「ばや」「てしがな・にしがな・てしが・にしが」……172

副詞「いかで」の公式……176

終助詞の公式パート2「がな・もが・もがな・もがも」「かな・かも」「かし・ぞかし」……177

頻出構文を覚えよう！……179

接続詞の公式……184

読解や空所補充問題で困らないための頻出接続詞

助動詞の活用表……188

あとがき……190

スペシャル付録　合格単語集523《ごーにーさん》

（基礎編）406《よろこぶ》合格単語＋（発展編）117《いいな》合格単語……192

第一章　文法の基本！　**用言**を征服！

第一講　動詞の公式　動詞はどうしようもなく簡単だ！

動詞は例外が狙われる！

動詞は活用します。「**未然形・連用形・終止形・連体形・已然形・命令形**」と活用します。**終止形は「ウ音」**です。「見る」「着る」「来る」など最後を伸ばすと「ウー」となります。だから「**ウ音**」です。しかし、**ラ行変格活用（ラ変動詞）だけは終止形が「イ音」です**。ラ行変格活用（ラ変動詞）は「**あり・をり・はべり・いまそかり（いますかり）**」です。活用は「ら《未然形》・り《連用形》・り《終止形》・る《連体形》・れ《已然形》・れ《命令形》」です。終止形を見てください。「**イ音**」ですね。しっかり覚えましょう。

動詞は**用言**です。**用言**とは「**動詞・形容詞・形容動詞**」のことです。「用言」という文字から何か気づきませんか？　「連用形と関係がありそう？」と思えた人もいるはずです。すばらしい！　大いに関係があります。連用形は用言に連なる形を意味します。つまり、**用言の上は連用形なのです**。「**連用形＋用言**」です。

動詞には暗記するものと打消の「ず」をつけて判断するものとにわかれます。まずは暗記ものから行きましょう。

【暗記すべき動詞の公式】

①**上一段活用**＝まずは、**入試頻出イレブン**を覚えましょう。

「着る」「見る」「似る」「煮る」「干《ひ》る」「射《い》る」「鋳《い》る」「居《ゐ》る」「率《ゐ》る」「用《もち》ゐる」「試《こころ》みる」

［覚え方］（美人を）**ひいきにみゐるよう試《こころ》みる**

干射着似見居　用試

鋳　煮　率

「美人を**ひいきにみゐるよう試みる**」と覚えましょう。「み」と「ゐる」は少し無理がありますが覚え方ですので（笑）。「ようは」「用ゐる」のことです。こういうことを試みる人は嫌われますね（笑）。

㊟「射《い》る」「鋳《い》る」＝**ヤ行**上一段活用

「居《ゐ》る」「率《ゐ》る」＝**ワ行**上一段活用

	未然形	連用形	終止形	連体形	已然形	命令形
活用	イ	イ	イル	イル	イレ	イヨ

例　見る

基本形	語幹	未然形	連用形	終止形	連体形	已然形	命令形
見る	○	み	み	みる	みる	みれ	みよ

②下一段活用＝「蹴《け》る」です。

「蹴《け》る」

活用　エ《未然形》・エ《連用形》・エル《終止形》・エル《連体形》・エレ《已然形》・エヨ《命令形》

基本形	語幹	未然形	連用形	終止形	連体形	已然形	命令形
蹴る	○	け	け	ける	ける	けれ	けよ

③カ行変格活用、サ行変格活用、ナ行変格活用、ラ行変格活用の頭文字を繋げて「カサナラ変」と覚えましょう。

カ行変格活用は「来《く》」です。ただし、複合動詞に注意が必要です。

「来《く》」

基本形	語幹	未然形	連用形	終止形	連体形	已然形	命令形
来	○	こ	き	く	くる	くれ	こ こよ

カ行変格活用には複合動詞があります。他の語に「く」が付いたパターンです。頻出語は「まうで来《く》」「出《い》で来《く》」です。意味も大事です。

まうで来　①参上する。②来ます。　出で来　①出てくる。現れる。②発生する。起こる。

サ行変格活用は「す」「おはす」です。ただし、複合動詞に注意が必要です。

「す」「おはす」

例　す

基本形	語幹	未然形	連用形	終止形	連体形	已然形	命令形
す	○	せ	し	す	する	すれ	せよ

例　おはす

基本形	語幹	未然形	連用形	終止形	連体形	已然形	命令形
おはす	おは	せ	し	す	する	すれ	せよ

サ行変格活用にも複合動詞があります。他の語に「す」が付いたパターンです。頻出語を覚えましょう。

「ず」と濁る場合もあります。

頻出サ行変格活用の複合動詞は「奏《そう》す・啓《けい》す・具《ぐ》す・愛す・恋す・ものす・念ず・ご覧ず・現ず・怨ず」です。ここに取り上げた頻出複合動詞は重要単語でもあるため意味も大事です。しっかり覚えましょう。

奏す　①（天皇・上皇・法皇に）申し上げる。
［注意］上皇＝譲位した天皇の名称。法皇＝出家した上皇の名称。

啓す　①（皇后・皇太子などに）申し上げる。

具す　①連れて行く。伴う。②夫婦となる。

ものす　①ある。いる。②行く。来る。③書く。④言う。⑤食べる。⑥する。
［注意］いろんな意味になる動詞。文脈判断。

念ず　①祈る。②我慢する。

ご覧ず　①ご覧になる。

ゑんず【怨ず】①恨みごとを言う。不満を漏らす。恨む。

ナ行変格活用は「死ぬ」「往《い》ぬ（去《い》ぬ）」です。

「死ぬ」「往《い》ぬ（去《い》ぬ）」

例　死ぬ

基本形	語幹	未然形	連用形	終止形	連体形	已然形	命令形
死ぬ	死	な	に	ぬ	ぬる	ぬれ	ね

ラ行変格活用は「あり・をり・侍《はべ》り・いまそかり（いますかり）」です。終止形が「イ音」でしたね。他の動詞はすべて何でしたか？　「ウ音」でしたね！

「あり・をり・侍《はべ》り・いまそかり（いますかり）」

例　あり

基本形	語幹	未然形	連用形	終止形	連体形	已然形	命令形
あり	あ	ら	り	り	る	れ	れ

【打消の「ず」を付けて識別する動詞の公式】

四段活用・上二段活用・下二段活用＝打消の「ず」をつけて識別します。

④四段活用＝「ず」を付けると「アー」という音になります。「ア音」なら四段です。

例　書く　「書く」＋「ず」＝「書か（アー）ず」

ここで疑問を持った人もいるかもしれません。「書く」に「ず」を付けると「書か（アー）ず」となるけど、「書け（エー）ず」ともなるのでは？　とてもすばらしい質問です。確かに「書け（エー）ず」とも言います。しかし、「書けず」は「書くことができない」となり、不可能の意味になります。「できない」という意味になってはダメなのです。このように考えてください。

例　書く

活用　ア《未然形》・イ《連用形》・ウ《終止形》・ウ《連体形》・エ《已然形》・エ《命令形》

基本形	語幹	未然形	連用形	終止形	連体形	已然形	命令形
書く	書	か	き	く	く	け	け

注意せよ！　○「書く」＋「ず」＝「書か（アー）ず」
×「書く」＋「ず」＝「書け（エー）ず」→「書くことができない」（**不可能は×とせよ！**）

四段活用には「ず」を付けて識別できないものがあります。入試頻出の三つの動詞を暗記してしまいましょう。「借る」「足る」「飽く」です。つまりこれらは四段活用です。

現代では「お金を借りない」と言います。ですから、「借る」に「ず」を付けて「借り（イー）ず」としたくなります。しかし、「借ら（アー）ず」が正解で四段活用なのです。入試では受験生が間違いやすそうな箇所が狙われます。しっかり覚えましょう。

次の語は、注意せよ！　四段活用です。

「借る」「足る」「飽く」＝四段活用の例外だ！

現代＝「借る」＋「ず」＝「借り（イー）ず」「足る」＋「ず」＝「足り（イー）ず」
「飽く」＋「ず」＝「飽き（イー）ず」

古文＝「借る」＋「ず」＝「借ら（アー）ず」「足る」＋「ず」＝「足ら（アー）ず」
「飽く」＋「ず」＝「飽か（アー）ず」

⑤上二段活用＝「ず」を付けると「イー」という音になります。「イ音」なら上二段です。

例　起く　「起く」＋「ず」＝「起き（イー）ず」

活用　イ《未然形》・イ《連用形》・ウ《終止形》・ウル《連体形》・ウレ《已然形》・イヨ《命令形》

基本形	語幹	未然形	連用形	終止形	連体形	已然形	命令形
起く	起	き	き	く	くる	くれ	きよ

次の語は、注意せよ！　上二段活用です。

「恨む」＝上二段活用の例外です！

「恨む」に「ず」を付けると「恨ま（アー）ず」としたくなります。しかし、「恨み（イー）ず」が正解で上二段活用なのです。

恨む「恨む」＋「ず」＝「恨み（イー）ず」

「恨ま（アー）ず」としてはいけません。四段活用ではありません！

㊟　近世（江戸時代）になると、四段活用の例が見られます。

○行が大事な上二段活用を覚えましょう！

ヤ行上二段活用＝「老《お》ゆ」「悔《く》ゆ」「報《むく》ゆ」

例　老ゆ

基本形	語幹	未然形	連用形	終止形	連体形	已然形	命令形
老ゆ	老	い	い	ゆ	ゆる	ゆれ	いよ

「ア行」ではなく「ヤ行」です。

⑥下二段活用＝「ず」を付けると「エー」という音になります。「エ音」なら下二段です。

例　受く　「受く」＋「ず」＝「受け（エー）ず」

活用　エ《未然形》・エ《連用形》・ウ《終止形》・ウル《連体形》・ウレ《已然形》・エヨ《命令形》

基本形	語幹	未然形	連用形	終止形	連体形	已然形	命令形
受く	受	け	け	く	くる	くれ	けよ

下二段活用の例外

「得《う》」「経《ふ》」「寝《ぬ》」は下二段活用です。語幹がありません。注意しましょう！

「得」＝ア行下二段活用です。○行がよく狙われます。**ア行**です！

基本形	語幹	未然形	連用形	終止形	連体形	已然形	命令形
得	○	え	え	う	うる	うれ	えよ

「ヤ行」ではなく「**ア行**」です。

㊟「ア行」が狙われる下二段活用をもう一つ紹介します。「心得《こころう》」です。
この二つは頻出です。「得」「心得」は「**ア行**」と覚えましょう。

「経」＝ハ行下二段活用

基本形	語幹	未然形	連用形	終止形	連体形	已然形	命令形
経	○	へ	へ	ふ	ふる	ふれ	へよ

「寝」＝ナ行下二段活用

基本形	語幹	未然形	連用形	終止形	連体形	已然形	命令形
寝	○	ね	ね	ぬ	ぬる	ぬれ	ねよ

○行が大事な下二段活用をもう少し覚えましょう！
ヤ行下二段活用＝「見ゆ」「聞こゆ」「覚ゆ」

例 見ゆ

基本形	語幹	未然形	連用形	終止形	連体形	已然形	命令形
見	見	え	え	ゆ	ゆる	ゆれ	えよ

「ア行」ではなく「**ヤ行**」です。

ワ行下二段活用で暗記すべき語＝「植《う》う」「飢《う》う」「据《す》う」

例 植う

基本形	語幹	未然形	連用形	終止形	連体形	已然形	命令形
植う	植	ゑ	ゑ	う	うる	うれ	ゑよ

「ア行」ではなく「ワ行」です。

×「植え」→○「植ゑ」

ワ行	わ	ゐ	う	ゑ	を

入試問題は受験生が間違えやすい所が狙われます。僕の合格板書を見て、しっかり復習してください。

【皆吉の合格板書】

例外が狙われる!

四段活用

「借る」「足る」「飽く」=四段活用!

上二段活用

「恨む」=上二段活用!

下二段活用(語幹がない下二段活用)

「得《う》」「経《ふ》」「寝《ぬ》」=下二段活用!

紛らわしい「○行」が狙われる!

「得」「心得《こころう》」=ア行下二段活用だ!

「老《お》ゆ」「悔《く》ゆ」「報《むく》ゆ」=ヤ行上二段活用だ!

「見ゆ」「聞こゆ」「覚ゆ」=ヤ行下二段活用だ!

「植《う》う」「飢《う》う」「据《す》う」＝ワ行下二段活用だ！
「射《い》る」「鋳《い》る」＝ヤ行上一段活用だ！
「居《ゐ》る」「率《い》る」＝ワ行上一段活用だ！

カ行変格活用の複合動詞が狙われる！
頻出語「まうで来《く》」「出《い》で来《く》」

サ行変格活用の複合動詞が狙われる！
頻出語「奏《そう》す・啓《けい》す・具《ぐ》す・愛す・恋す・ものす・
念ず・ご覧ず・現ず・怨ず」
これらはみんなサ行変格活用！

第二講 形容詞の公式・形容動詞の公式
形容詞の語幹用法と形容動詞の見分け方に注意！

形容詞の公式

形容詞も活用します。「未然形・連用形・終止形・連体形・已然形・命令形」と活用します。終止形は「し」「じ」です。形容詞は事物の性質・状態・様子・感情を表します。活用の種類は「ク活用」と「シク活用」があります。

「ク活用」「シク活用」の区別は、形容詞に「なる」をつけて判断します。「ありがたし」は終止形が「し」です。つまり、形容詞です。「ありがたし」に「なる」を付けて発音してみてください。「ありがたくなる」となりますね。「なる」を付けて「〜くなる」となれば「ク活用」です。今度は「かなし」を使って考えてみましょう。終止形が「し」なので形容詞です。「かなし」に「なる」をつけて発音すると「かなしくなる」ですよね。「なる」を付けて「〜しくなる」となれば「シク活用」です。

「いみじ」も形容詞です。終止形が「じ」なので形容詞です。「いみじ」に「なる」を付けると「いみじくなる」となります。「ジク活用だ」と思った人もいるかもしれません。「ジク活用」と言ってはいけません。確かに活用する時は濁ります。しかし、「シク活用」です。「シク活用」と覚えてください。

皆吉の合格板書の活用表を見ていただくとわかるように形容詞には「本活用」と「補助活用（カリ活用）」があります。補助活用（カリ活用）は下に助動詞が来た時に使用します。助動詞「けり」と形容詞「うつくし」を例にして考えてみましょう。「けり」は連用形接続の助動詞です。今詳しくわからなくても大丈夫！　助動詞のところで丁寧に解説します。とにかく「けり」が助動詞で連用形接続とわかればここではOKです。連用形接続ということは「けり」の上には連用形が来るということです。連用形＋「けり」です。「うつくし」は終止形が「し」なので形容詞です。「なる」をつけると「うつくしくなる」です。「シク活用」です。皆吉の合格板書の活用表を見てください。連用形は、本活用だと「うつくしく」。補助活用（カリ活用）だと「うつくしかり」となります。「けり」は連用形接続でした。ということは、「うつくしくけり」と「うつくしかりけり」が考えられます。しかし、形容詞の下に助動詞が来た時は原則的に補助活用（カリ活用）を使用します。これで決まりですね。「うつくしくけり」はダメなのです。「うつくしかりけり」としてください。

もう一つ、形容詞の未然形「く」と「しく」はほとんど出ません。「く」「しく」は原則的に、連用形と考えましょう。

【皆吉の合格板書】

終止形＝「し」「じ」

活用の種類は「ク活用」と「シク活用」。下に動詞「なる」を付けて判断する。

「〜くなる」＝「ク活用」　「〜しくなる」＝「シク活用」

例　ありがたし　「ありがたし」＋「なる」＝「ありがたくなる」→「ク活用」

基本形	語幹		未然形	連用形	終止形	連体形	已然形	命令形
ありがたし	ありがた	本活用	（く）	く	し	き	けれ	○
		補助活用（カリ活用）	から	かり	○	かる	○	かれ

例　かなし　「かなし」＋「なる」＝「かなしくなる」→「シク活用」

基本形	語幹		未然形	連用形	終止形	連体形	已然形	命令形
かなし	かな	本活用	（しく）	しく	し	しき	しけれ	○
		補助活用（カリ活用）	しから	しかり	○	しかる	○	しかれ

例 いみじ 「いみじ」＋「なる」＝「いみじくなる」→「シク活用」

「いみじ」は「ジク活用」ではなく「シク活用」と呼ぶ。ただし、活用する時は「ジク」。

基本形	語幹		未然形	連用形	終止形	連体形	已然形	命令形
いみじ	いみ	本活用	（じく）	じく	じ	じき	じけれ	○
		補助活用（カリ活用）	じから	じかり	○	じかる	○	じかれ

本活用と補助活用（カリ活用）の違い

形容詞の下に助動詞があるか必ず確認します。

あれば原則的に補助活用（カリ活用）を使います。

例 うつくし 「うつくし」＋「なる」＝「うつくしくなる」→「シク活用」

基本形	語幹		未然形	連用形	終止形	連体形	已然形	命令形
うつくし	うつく	本活用	（しく）	しく	し	しき	しけれ	○
		補助活用（カリ活用）	しから	しかり	○	しかる	○	しかれ

×うつくしくけり。
○うつくしかりけり。

「けり」は連用形接続の助動詞。連用形＋「けり」

形容詞の語幹用法

形容詞はこれで終わりではありません。語幹用法があります。その前に「語幹」を説明します。動詞の活用表にも形容詞の活用表にもありましたよね。「語幹」は変化しない部分です。「いみじ」を例に考えます。先程の活用表を思い出してください。いみじの語幹は「いみ」でした。「未然形・連用形・終止形・連体形・已然形・命令形」と変化しないでしょ！

語幹用法パート1

「あな＋形容詞の語幹」で感動を表します。形容詞「おもしろし」の語幹は「おもしろ」です。「あな＋形容詞の語幹」に当てはめると「あな、おもしろ」となります。感動表現ですので、「ああ、おもしろい」と訳します。

【皆吉の合格板書】

「あな＋形容詞の語幹」

例　あな、おもしろ。

訳　ああ、おもしろい。

語幹用法パート2

「AをBみ」の公式です。「AがBなので」と訳します。「A」は「体言（名詞）」で「B」が語幹となります。つまり「A（体言）をB（語幹）み」です。体言とは名詞のことです。「山を高み」を例にして説明します。「高」は形容詞「高し」の語幹です。まず、「AをBみ」に当てはめます。「山（A体言）を高（B語幹）み」となります。「山が高いので」と訳せます。ただし、この公式「を」の部分が省略されることがあるので注意しなくてはいけません。「AをBみ」の「を」が省略され、「ABみ」となる場合があります。「山を高み」が「山高み」となります。「を」が省略されているだけですので、「山が高いので」と訳してください。

【皆吉の合格板書】

「AをBみ」＝「AがBなので」と訳す。「B」に語幹がくる。

形容詞「高し」の語幹「高」を使って説明します。

高し　「高し」＋「なる」＝「高くなる」→「ク活用」

	基本形	語幹	未然形	連用形	終止形	連体形	已然形	命令形
本活用	高し	高	（く）	く	し	き	けれ	○
補助活用（カリ活用）			から	かり	○	かる	○	かれ

例　山高み人もすさめぬ桜花～　「古今集」

訳　山が高いので人も心に留めない桜花よ、～

「山を高み」ならば、「山が高いので」と訳せます。しかし、この「AをBみ」の公式は、「A（を）Bみ」となり、「を」の部分が省略されることがあります。注意してください。

「山高み」＝「山が高いので」と訳してください。

すさむ　①心に留める。②嫌う。③気の向くままに～する。

形容詞の活用表早覚えテクニック！

活用表の暗記はたいへんです。でも覚えなければ合格できません。そこで、楽して覚える方法を伝授します。形容詞の「ク活用」はきちんと覚えてください。「シク活用」は「ク活用」に「し」もしくは「じ」が付いただけです。そう考えれば簡単です。

例 ありがたし 「ありがたし」＋「なる」＝「ありがたくなる」→「ク活用」

	基本形	語幹	未然形	連用形	終止形	連体形	已然形	命令形
本活用	ありがたし	ありがた	（く）	く	し	き	けれ	○
補助活用（カリ活用）			から	かり	○	かる	○	かれ

例 かなし 「かなし」＋「なる」＝「かなしくなる」→「シク活用」

	基本形	語幹	未然形	連用形	終止形	連体形	已然形	命令形
本活用	かなし	かな	（しく）	しく	し	しき	しけれ	○
補助活用（カリ活用）			しから	しかり	○	しかる	○	しかれ

形容動詞の公式

形容動詞も活用します。「未然形・連用形・終止形・連体形・已然形・命令形」と活用します。終止形は「なり」「たり」です。形容詞動詞も事物の性質・状態・様子・感情を表します。「ナリ活用」と「タリ活用」があります。「ナリ活用」から説明します。「なり」は形容動詞の一部・助動詞・動詞なのか見ただけではわかりません。識別法をマスターしなくてはなりません。ここではとりあえず形容動詞の見分け方を覚えましょう。

「ナリ活用の見分け方パート1」

形容動詞「ナリ活用」の見分け方を伝授します。焦らずに行きましょう。「なり」の上を見てください「いたづら」「あはれ」「か」「げ」があれば形容動詞です。覚え方は、勉強をさぼり、「いたづらばかりしている受験生のかげは、あはれだ」こういう人は合格できません（笑）。「いたづらなり」と「あはれなり」は頻出形容動詞です。意味も重要です。合格単語集で確認してください！

例　いたづらなり　あはれなり　静かなり　をかしげなり

皆吉の合格板書の活用表を見てください。「ナリ活用」の連用形は「なり」と「に」があります。応用させて考えましょう。「に」の上に「いたづら」「あはれ」「か」「げ」があれば形容動詞です。

例　いたづらに　あはれに　静かに　をかしげに

「なり」や「に」の上に「いたづら・あはれ・か・げ」があったら形容動詞と覚えましょう。

「ナリ活用の見分け方パート2」

「～なり」の上に「とても」「たいそう」「非常に」を付けて自然な日本語になれば形容動詞です。

例えば「静かなり」に「とても」を付けると「とても静かな状態だ」「とても静かだ」と自然な日本語になります。形容動詞となります。「女なり」に「とても」を付けてください。とても女である。意味不明ですね。こちらは形容動詞ではありません。

「タリ活用の見分け方」

「たり」の上を見てください。ほとんど漢語が来ています。「漢語＋たり」です。もう一歩進もう！「漢語＋たり」の「漢語」は「堂々」など同じ語を繰り返した形が多いのです。「堂々たり」「漫々たり」などは形容動詞「タリ活用」です。「～然」となっていることも多いので覚えておきましょう。「平然たり」「騒然たり」なども形容動詞「タリ活用」です。

「形容動詞「ナリ活用」「タリ活用」の連用形の区別！」

皆吉の合格板書を見てください。「ナリ活用」の連用形は「なり」と「に」「タリ活用」の連用形は「たり」と「と」です。この区別が出題された時の対処法を伝授します。ハイレベルな設問です。形容動詞の連用形「なり」「たり」の下は助動詞（助動詞は後で出てきますから、その時に覚えてください）、「に」「と」の下には助動詞以外の語が来ると考えてください。

例　あからさまに《形容動詞》抱きて～　「枕草子」

例　ほんのちょっと抱いて～

抱く＝動詞（四段活用）です。助動詞以外の語ですね。「に＋助動詞以外の語」となります。

「あからさまなり」も頻出形容動詞です。意味は「ほんのちょっと」です。

合格単語集にも載せましたが、ここで覚えてしまいましょう。

【皆吉の合格板書】

形容動詞

「ナリ活用の見分け方パート1」
「なり」や「に」の上に「いたづら」「あはれ」「か」「げ」があったら形容動詞
例　いたづらなり　あはれなり　静かなり　をかしげなり　いたづらに　あはれに
静かに　をかしげに

「ナリ活用の見分け方パート2」
「とても」「たいそう」「非常に」を「～なり」の上につけて自然な日本語になれば形容動詞
例　静かなり→とても静かなり（とても静かな状態だ・とても静かだ）形容動詞です。
女なり→×とても女なり　女である（後で出てくるけど、断定の助動詞「なり」です。）

「ナリ活用」

例　静かなり

基本形	語幹	未然形	連用形	終止形	連体形	已然形	命令形
静かなり	静か	なら	なり に	なり	なる	なれ	なれ

「タリ活用」

「タリ活用」は「たり」の上がほとんど漢語（「同じ語をくり返した形」「〜然」）。

例　堂々たり

基本形	語幹	未然形	連用形	終止形	連体形	已然形	命令形
堂々たり	堂々	たら	たり と	たり	たる	たれ	たれ

形容動詞の活用表早覚えテクニック！（ラ行変格活用を利用しよう！）

ラ行変格活用を覚えていますか？

ラ行変格活用は「あり・をり・侍《はべ》り・いまそかり（いますかり）」です。

活用は「ら《未然形》・り《連用形》・り《終止形》・る《連体形》・れ《已然形》・れ《命令形》」でしたね。「ナリ活用」「タリ活用」の活用表を見てください。「な」と「た」を指で隠すと、ラ行変格活用と同じです。「ナリ活用」の連用形「に」と「タリ活用」の連用形「と」は違います。でも、他は同じです。まずラ行変格活用をきちんと覚えてください。その後、形容動詞の「ナリ活用」はラ行変格活用に「な」がついた形で、連用形は「に」もあるぞと覚えます。形容動詞「タリ活用」はラ行変格活用に「た」が付いた形で、連用形は「と」もあるぞと覚えます。どうですか？　暗記が楽になったでしょう！

古典に親しむ　ブサイク男の婿入り（笑）　「宇治拾遺物語」—博打《ばくち》聟《むこ》入《い》りの事—

博打《ばくち》とは「ばくち打ち」のことです。賭《か》け事を専門にしている人です。

昔、ばくち打ちの子どもでブサイクな男がいました。「目鼻一所《ひとところ》にとり寄せたるやうにて」とあります。

「目と鼻を顔の真ん中に取り集めたような顔」です。両親は息子にどのようにして人並みに世渡りさせようかと考えていました。その時、長者の家に「かしづく女《むすめ》」がいました。「かしづく」は「大切に育てる」という意味の重要単語です。合格単語集に載せてあります。大切に育てている娘がいたのです。顔のよい婿をとろうと母親が探しているのを、ブサイク男の両親は伝え聞きました。両親は息子を美男子だと偽って婿にしてしまいます。

ブサイク男は夜通っていましたが、昼間も同居することとなりました。ブサイクな顔だということがバレてしまいます。そうなっては困るので、どうしようかと考えました。ばくち打ちの仲間の一人が鬼に化けて長者の屋敷の天井に上りました。そして「この家の娘は、俺のものにしてから三年になるのだが、お前はどのように思い、このように通うのだ」と言います。さらに「とてもとても、憎いことだ。命と顔とどちらが惜しいか」と迫ります。婿が「命」と答えると、婿の顔をブサイクにしてしまいました。もともとブサイクなのですから、変形させられてしまったかのように装うことに成功したということになります。

だまされた事に気づかない長者は婿を気の毒に思い、宝を差し上げ、大事にしました。ブサイク男は大喜びでした。また、長者は立派な家を造ってあげました。ブサイク男は結構な生活を送りました。

ブサイク男はめでたしめでたしとなりました。しかし、だまされた長者一家はかわいそうですね。そもそも、美男子を婿にしようと考えたことが間違いだったのでしょうか？　いろんなことが考えられます。

古文って面白い！　僕としては、顔ではなく中身で勝負してほしかったです。男性も女性も外見より中身を見て恋愛したいですよね。みなさんはどんな感想を持ちましたか？この作品は学習院大学や日本大学の入試問題にも取り上げられています。

第二章　入試頻度ナンバー1　助動詞を征服！

第三講　助動詞の接続公式
助動詞は接続が命だ！

「接続の基礎」

「接続」とは「つなげること」です。ただし、何でもかんでもつないで良いわけではありません。ルールを守ってつないで行くのです。

動詞のところで説明しましたね。覚えていますか？　用言とは「動詞・形容詞・形容動詞」でしたね。

連用形は用言に連なる形を意味します。つまり、用言の上は連用形なのです。「連用形＋用言」となります。

超基礎接続公式を覚えましょう！

超基礎接続公式

連用形＋用言（用言の上は連用形）
連体形＋体言（体言の上は連体形）

終止形＋。　（。の上は終止形）
命令形＋。　（。の上は命令形）

ここに示した超基礎接続公式の他にも助動詞・助詞の接続などがあります。助詞については助詞のところでまとめます。助動詞の接続を勉強しましょう。各々の助動詞によって上に来る語の活用形が決まります。例えば助動詞の「む」の上は未然形と決まっています。ルールに従ってください！

それでは、助動詞の接続を覚えましょう。何回も音読して覚えてください。僕はリズムをつけながら暗記しました。歌でも語呂合わせでも何でも構いません。自分で覚えやすいように工夫してください。とても大事なのですべて覚えてくださいね。

「る」「らる」「す」「さす」「しむ」「ず」「じ」「む」「むず」「まし」「まほし」の上は未然形です。「き」「けり」「つ」「ぬ」「けむ」「たり」「たし」の上は連用形です。「らし」「べし」「まじ」「らむ」「めり」「なり」の上は終止形（ラ変型活用語は連体形）です。後は一つ一つ覚えます。「なり」の上は連体形もしくは体言です。「たり」の上は体言です。「ごとし」の上は連体形もしくは体言あるいは助詞の「が」「の」です。「り」の上はサ変動詞の未然形もしくは四段動詞の已然形です。

【皆吉の合格板書「助動詞の接続公式」】

助動詞の接続公式です。何回も声に出して音読してください！

未然形＋「る」「らる」「す」「さす」「しむ」「ず」「じ」「む」「むず」「まし」「まほし」

連用形＋「き」「けり」「つ」「ぬ」「けむ」「たり」「たし」

終止形（ラ変型活用語は連体形）＋「らし」「べし」「まじ」「らむ」「めり」「なり」

連体形＋「なり」　体言＋「なり」

体言＋「たり」

連体形＋「ごとし」　体言＋「ごとし」　が＋「ごとし」　の＋「ごとし」

サ変動詞の未然形＋「り」　四段動詞の已然形＋「り」

［注意一］ 終止形接続の助動詞のところで、**ラ変型活用語は連体形**と出てきました。ラ変型活用は「ラ変」という言葉からもわかるよう「ら《未然形》・り《連用形》・り《終止形》・る《連体形》・れ《已然形》・れ《命令形》」と活用するものを言います。

例えば「まじ」は終止形接続です。ただし、ラ変型活用が来ると連体形接続となります。

「ありまじ」はダメで「あるまじ」となります。

例 ×「ありまじき心地」 ○「あるまじき心地」

［注意二］ サ変動詞・四段動詞という用語がでてきたので、まとめます。

「サ変動詞」は「サ行変格活用動詞」のことです。今後説明する時は、略して「サ変」とします。

「四段動詞」は「四段活用動詞」のことです。今後説明する時は、略して「四段」とします。

「カ変動詞」は「カ行変格活用動詞」のことです。今後説明する時は、略して「カ変」とします。

「ナ変動詞」は「ナ行変格活用動詞」のことです。今後説明する時は、略して「ナ変」とします。

「ラ変動詞」は「ラ行変格活用動詞」のことです。今後説明する時は、略して「ラ変」とします。

必勝公式＋合格板書＝合格！

必勝公式とは**瞬時に正解を導くための公式**です。しかも、簡単にです（笑）。ただし、文脈判断も大切です。言葉は生き物です。たまに公式に当てはまらないものもありますからね。それでは、古典文法で**頻度ナンバー1の助動詞を征服**しましょう。わかりやすく、丁寧に説明しますから、一緒に頑張ろう！

助動詞

「る」「らる」の基礎公式！

必勝公式へ入る前の基礎チェック！


「る」「らる」の接続は何でしたか？　勉強しましたよね。未然形です。

「る」と「らる」は未然形に接続しますが、接続方法が異なります。

「る」は四段・ナ変・ラ変の未然形につきます。「らる」は四段・ナ変・ラ変以外の動詞の未然形につきます。

四段・ナ変・ラ変を覚えていますか？ 復習しましょう。

四段は「ず」をつけて識別でしたね。

四段＝「ず」をつけると「ア音」になる。

例 書く 「書く」＋「ず」＝「書か（アー）ず」

活用 ア《未然形》・イ《連用形》・ウ《終止形》・ウ《連体形》・エ《已然形》・エ《命令形》

例 書く

活用＝書《語幹》・か《未然形》・き《連用形》・く《終止形》・く《連体形》・け《已然形》・け《命令形》

次はナ変・ラ変の復習です。

ナ行変格活用「死ぬ」「往《い》ぬ（去《い》ぬ）」

例 死ぬ

活用＝死《語幹》・な《未然形》・に《連用形》・ぬ《終止形》・ぬる《連体形》・ぬれ《已然形》・ね《命令形》

ラ行変格活用「あり・をり・侍《はべ》り・いまそかり（いますかり）」

例　あり

活用＝あ《語幹》・ら《未然形》・り《連用形》・り《終止形》・る《連体形》・れ《已然形》・れ《命令形》

「る」は四段・ナ変・ラ変の未然形につくのでしたね。左の活用を見てください。これら三つの未然形に注目です。気づきませんか？　ヒントは音です。すべて「ア音」です。ということは「ア音」の下は「る」と考えることができます。

四段＝書《語幹》・か《未然形》・き《連用形》・く《終止形》・く《連体形》・け《已然形》・け《命令形》

ナ変＝死《語幹》・な《未然形》・に《連用形》・ぬ《終止形》・ぬる《連体形》・ぬれ《已然形》・ね《命令形》

ラ変＝あ《語幹》・ら《未然形》・り《連用形》・り《終止形》・る《連体形》・れ《已然形》・れ《命令形》

「る」「らる」は未然形接続。しかし、接続方法が異なる！

未然形＋「る」＝「ア音」＋「る」　例「人に笑はる」「笑は（アー）＋る」

未然形＋「らる」　例「思ひ出でらる」

第四講

「る」「らる」の必勝公式！

「る」「らる」の意味は四つです。自発・可能・尊敬・受身です。

「る」「らる」

接続＝未然形　意味　①自発　自然と〜れる　〜ないではいられない

②可能　〜できる　③尊敬　〜なさる　お〜になる

④受身　〜れる　〜られる　〜される

活用

基本形	未然形	連用形	終止形	連体形	已然形	命令形
る	れ	れ	る	るる	るれ	れよ
らる	られ	られ	らる	らるる	らるれ	られよ

矢印は「る」「らる」から目を向ける方向と考えてください。

↑（上を見る）「る」「らる」↓（下を見る）

①「自発」

「る」「らる」の上に「心情動詞もしくは知覚動詞」があったら自発と考えましょう。

「心情動詞（思ふ・泣く・嘆く・驚くなど）・知覚動詞（見る・知る・聞くなど）」

「心情動詞」↑「る」＝自発　「知覚動詞」↑「る」＝自発

「心情動詞」↑「らる」＝自発　「知覚動詞」↑「らる」＝自発

意味　自然と〜れる　〜ないではいられない

例　ふるさと限りなく思ひ出でらる。「更級日記」（「思ひ出で」が心情動詞です！）

訳　ふるさとのことがこの上なく自然と思い出される。

②「可能」

「る」「らる」の下に「打消」があったら可能と考えましょう。

平安時代の作品はほとんどこの公式で大丈夫。

「る」↓「打消」＝可能

「らる」↓「打消」＝可能

意味　〜できる

例　知らぬ人の中にうち臥して、つゆまどろまれず。「更級日記」（打消の「ず」に注目！）
訳　知らない人の中に横になって、少しもうとうと眠ることができない。

「つゆ～打消」＝少しも～ない

鎌倉時代以降の作品では、「る」「らる」の下に「打消」がこなくても可能の時があります。その時は文脈判断してください。頻出の文章を一つ示すので暗記しておきましょう。

例　冬はいかなる所にも住まる。「徒然草」
訳　冬はどんな所にも住むことができる。

③「尊敬」　ＡＢＣで「尊敬」は完璧！

Ａ、偉い人（高貴な人）が主語の時は『る』「らる」は尊敬と考えましょう。

偉い人《（主語）》（貴族など）↑「る」＝尊敬
偉い人《（主語）》（貴族など）↑「らる」＝尊敬
意味　～なさる　お～になる

例　かの大納言、いづれの船にか乗らるべき。「大鏡」（「大納言」は高貴な人です！）

訳　あの大納言は、どの船にお乗りになるのだろうか。

大納言が偉い人です！　でも、なぜ主語がわかりますか？
古文は現代文と異なり、助詞が省略されることがよくあります。主語の把握がしにくいのです。
そこで読解公式です。「人物」の下に「、」があれば「主語」となる時が多いのです。
大納言は人物です。その下に「、」があります。だから主語となります。

人物、＝主語

古文では主語が省略されることもよくあります。文脈判断も大事ですが、次の公式を覚えてください。

B、「尊敬語＋る」「尊敬語＋らる」となった時の「る」「らる」は尊敬の時が多いのです。

例えば、「仰せ《尊敬語》らる」の「らる」は尊敬です！

東大・京大・早稲田・上智などを受験する人は次の公式も覚えてください。他大受験の人も覚えてください（笑）。一気に差をつけましょう。辞書に載っているレベルです。でも、知らない人がたくさんいます。僕も受験生の時は知りませんでした（笑）。英語辞典と比べると古語辞典を引く頻度は非常に少なかったです。大学生になってからは両方とも、毎日のように引いていました。

C、「る」「らる」が、命令形「れよ」「られよ」となった場合は尊敬の時が多いのです。

知らなかったでしょ？　可能・自発に命令形はありません。

つまり、「る」「らる」が命令形の時は受身か尊敬のどちらかです。

もちろん文脈判断も大事です。しかし、尊敬の時が多いと考えましょう。

④「受身」

「る」「らる」の上に受身の対象「～に」があったら受身と考えましょう。

「～に」がなくても補うことができれば受身です。今でも、「先生にほめられる生徒」とかって使うでしょ。

「～に」↑「る」＝受身

「～に」↑「らる」＝受身

意味　～れる　～られる　～される

例　舅《しうと》にほめらるる婿。「枕草子」（「舅に」の「に」に注目しましょう！）

訳　舅にほめられる婿。

補足　平安時代、無生物を主語に用いることが少なかったのも受身の特徴です。

⑤ **必勝応用公式**

「れ給ふ」「られ給ふ」の「れ」「られ」は尊敬ではありません。受身もしくは自発と考えましょう。

例　かの大納言、興がる島に流され給ふ。「れ給ふ」となっています。

この「れ」は尊敬ではありません。受身か自発です。「れ」の上に「心情動詞・知覚動」がないので、受身となります。

【皆吉の合格板書「る」「らる」】

「る」「らる」意味＝自発・可能・尊敬・受身

①「心情動詞・知覚動詞」↑「る」「らる」＝自発　意味　自然と〜れる　〜ないではいられない

②「る」「らる」↓打消＝可能　意味　〜できる

③―A、偉い人（高貴な人）↑「る」「らる」＝尊敬　意味　〜なさる　お〜になる

③―B、「尊敬語」＋「る」「らる」＝尊敬

③―C、「れよ」「られよ」（命令形）＝尊敬

④「〜に」↑「る」「らる」＝受身　意味　〜れる　〜られる　〜される

⑤「れ給ふ」「られ給ふ」の「れ」「られ」は尊敬ではない。受身もしくは自発

「す」「さす」「しむ」の必勝公式

「す」「さす」「しむ」

接続＝未然形　意味　①使役　～せる　～させる　②尊敬　～なさる　お～になる

「す」は四段・ナ変・ラ変の未然形につきます。
四段・ナ変・ラ変の未然形は「ア音」でしたね。「ア音」＋「す」となります。
「さす」は四段・ナ変・ラ変以外の動詞の未然形につきます。
「しむ」はすべての活用語の未然形につきます。

基本形	未然形	連用形	終止形	連体形	已然形	命令形
す	せ	せ	す	する	すれ	せよ
さす	させ	させ	さす	さする	さすれ	させよ
しむ	しめ	しめ	しむ	しむる	しむれ	しめよ

①「す」「さす」「しむ」の下に尊敬語（「給《たま》ふ」など）がない時は使役と考えましょう。

例 月の都の人、まうで来ば、捕らへさせむ。「竹取物語」
訳 月の都の人が、やって来たら、捕らえさせよう。
「させ」の下に尊敬語なし。したがって使役です。

「す」＋尊敬語なし＝使役
「さす」＋尊敬語なし＝使役
「しむ」＋尊敬語なし＝使役
意味 〜せる 〜させる

②「す」「さす」「しむ」の下に尊敬語（「給ふ」など）がある時は使役か尊敬かを判断してください。上を見て判断です。「す」「さす」「しむ」の上に使役の対象「〜に」があったら使役です。なければ尊敬となります。
「〜に」がなくても補うことができれば、使役です。
例 御簾を高く上げたれば、笑はせ給ふ。「枕草子」
訳 御簾を高く上げたので、お笑いになる。
「せ」の下に尊敬語「給ふ」があります。しかし、上に使役の対象「〜に」がないので尊敬となります。

例　随身に歌はせたまふ。「堤中納言物語」

訳　お供の者に歌わせなさる。「せ」の下に尊敬語「たまふ」があります。上を見ると「随身に」となっています。

「〜に」があります。したがって、この「せ」は使役となります。

【皆吉の合格板書　「す」「さす」「しむ」】

「す」「さす」「しむ」意味＝使役　尊敬

①　「す」＋尊敬語なし＝使役
「さす」＋尊敬語なし＝使役
「しむ」＋尊敬語なし＝使役
意味　〜せる　〜させる（使役）

②

「す」＋尊敬語＝使役もしくは尊敬

「さす」＋尊敬語＝使役もしくは尊敬

「しむ」＋尊敬語＝使役もしくは尊敬

意味　～せる　～させる（使役）

意味　～なさる　お～になる（尊敬）

使役

「～に」↑「す」＝使役

「～に」↑「さす」＝使役

「～に」↑「しむ」＝使役

尊敬

「~~～に~~」↑「す」＝尊敬

「~~～に~~」↑「さす」＝尊敬

「~~～に~~」↑「しむ」＝尊敬

第五講

「り」の必勝公式

「エ音」の下の「ら」「り」「る」「れ」をマスターしましょう！


「り」はサ変の未然形と四段の已然形に接続します。サ変動詞の活用を覚えていますか？

「せ《未然形》・し《連用形》・す《終止形》・する《連体形》・すれ《已然形》・せよ《命令形》」でしたね。四段動詞は「書く」を例に取り上げます。

「か《未然形》・き《連用形》・く《終止形》・く《連体形》・け《已然形》・け《命令形》」でしたね。

サ変の未然形は「せ」四段の已然形は「け」です。どちらも「エー」と伸びますね。「エ音」です。

助動詞「り」は「ら《未然形》・り《連用形》・り《終止形》・る《連体形》・れ《已然形》・れ《命令形》」と活用します。したがって、「エ音」の下の「ら」「り」「る」「れ」は完了もしくは存続となります。


「り」

接続＝サ変の未然形・四段の已然形

意味　①完了　～た　～てしまった　②存続　～ている　～てある

基本形	未然形	連用形	終止形	連体形	已然形	命令形
り	ら	り	り	る	れ	れ

サ変の未然形・四段の已然形は「エ音」。つまり、「エ音」の下の「ら」「り」「る」「れ」は完了もしくは存続です。

例　酒、よき物たてまつれり。「土佐日記」（れ（エーと伸びます。エ音です。）＋り）

訳　酒やうまい食べ物を差し上げた。

「たり」の必勝公式

「たり」は存続からチェックすることをマスターしましょう！

「たり」は存続と完了の意味があります。動作や状態が続いていたら存続。動作や状態が終わっていたら完了です。

「たり」は、まずは存続で訳します。存続で訳してみて日本語として不自然だったら、完了の訳へと進みます。「たり」は存続から完了の意味が生じた助動詞です。まずは存続。ダメなら完了です。

「たり」

接続＝連用形

意味　①完了　〜た　〜てしまった　②存続　〜ている　〜てある

基本形	未然形	連用形	終止形	連体形	已然形	命令形
たり	たら	たり	たり	たる	たれ	たれ

例　遊び三人、いづくよりともなく出で来たり。（完了）「更級日記」

訳　遊女が三人、どこからともなく出て来た。

例　怪しがりて寄りて見るに、筒の中光りたり。（存続）「竹取物語」

訳　不思議に思って近寄って見ると、筒の中が光っている。

【皆吉の合格板書　「り」「たり」】

「エ音」の下の「ら」「り」「る」「れ」は完了もしくは存続

「たり」は存続でダメなら完了で訳す。

「ず」の必勝公式

「補助活用」の下は助動詞だ！

「ず」

接続＝未然形　　意味　①打消　〜ない

	基本形	未然形	連用形	終止形	連体形	已然形	命令形
本活用	ず	（ず）	ず	ず	ぬ	ね	○
補助活用		ざら	ざり	○	ざる	ざれ	ざれ

例　皆人見知らず。「伊勢物語」

訳　その場にいる人は全員見てもわからない。

補助活用の下には原則的に助動詞が来ます。形容詞の補助活用（カリ活用）と同じ考え方です。

×行かずけり。
○行かざりけり。

［注意］　断定の助動詞「なり」の時は本活用の連体形「ぬ」に付きます。「なり」のところで詳しく説明しますが、「連体形＋なり＝断定」です。

例　行かぬなり。

訳　行かないのである。

「ずは」も重要！

「ずは」＝〜ないならば　「ずば」＝〜ないならば　「ずんば」＝〜ないならば

例　ただいまここを渡さずは〜「平家物語」

訳　たった今ここを渡さないならば〜

【皆吉の合格板書　「ず」】

補助活用の下は原則的に助動詞　補助活用＋助動詞

［注意］　断定の助動詞「なり」の時は本活用を使用。

例　行かぬ（連体形）なり（断定）　「ぬ」＝本活用

「ずは」＝〜ないならば　「ずば」＝〜ないならば　「ずんば」＝〜ないならば

「ずんば」は「ずは」の強調です。

「ぬ」の必勝公式

「ぬ」「ね」の識別をマスターしましょう。

打消の助動詞「ず」を覚えたら、完了の助動詞「ぬ」を勉強します。「ぬ」と「ね」の識別問題として入試頻出です。左の「ず」と「ぬ」の活用を見てください。どちらにも「ぬ」と「ね」が存在します。

「ぬ」「ね」の識別

「ず」接続＝未然形　意味　①打消　〜ない

「ぬ」接続＝連用形　意味　①完了　〜た　〜てしまった　②強意　きっと〜　確かに〜　まさに〜

③並列　〜たり〜たり

打消の「ず」＝（ず）《未然形》・ず《連用形》・ず《終止形》・ぬ《連体形》・ね《已然形》・◯《命令形》

完了の「ぬ」＝な《未然形》・に《連用形》・ぬ《終止形》・ぬる《連体形》・ぬれ《已然形》・ね《命令形》

まず、接続に注目します。「ず」は未然形接続です。ということは、「ぬ」「ね」の上が未然形なら「ぬ」「ね」は、打消となります。「ぬ」は連用形接続です。「ぬ」「ね」の上が連用形なら「ぬ」「ね」は完了です。やっかいなのは、未然形と連用形が同形の場合です。例えば、下二段活用です。ヤ行下二段活用の「見ゆ」の活用は、「え《未然形》・え《連用形》・ゆ《終止形》・ゆる《連体形》・ゆれ《已然形》・えよ《命令形》」でしたね。忘れてしまった人は動詞のところを復習してください。未然形と連用形を見てください。同形です。でも、安心してください。すぐに解けます。右の打消の助動詞「ず」と完了の助動詞「ぬ」の活用表に注目してください。打消の助動詞「ず」の連体形が「ぬ」です。「ぬ」が連体形なら打消です。打消の助動詞「ず」の已然形が「ね」です。「ね」が已然形なら打消です。完了の助動詞「ぬ」の終止形が「ぬ」です。「ぬ」が終止形なら完了です。完了の助動詞「ぬ」の命令形が「ね」です。「ね」が命令形なら完了です。公式化したので①～⑧を覚えてください。

① 未然形＋「ぬ」＝打消

例 咲か《未然形》ぬ桜

訳 咲かない桜

② 未然形＋「ね」＝打消

例　風吹か《未然形》ねば〜

訳　風が吹かないので〜

③ 連用形＋「ぬ」＝完了

例　桜咲き《連用形》ぬ。

訳　桜が咲いた。

④ 連用形＋「ね」＝完了

例　とく帰りたまひ《連用形》ね。

訳　早く帰ってしまいなさい。

⑤ 「ぬ」が連体形の時＝打消

例　京には見えぬ鳥なれば、皆人見知らず。「伊勢物語」

訳　都では見かけない鳥であるので、その場にいる人は全員見てもわからない。

「ぬ」の上を見ても未然形か連用形か判断できません。「見ゆ」はヤ行下二段活用です。未然形と連用形が同形でしたね！　でも、「ぬ」の下を見てください。鳥があります。鳥は体言（名詞）です。

以前習った超基礎接続公式を思い出してください。体言（名詞）の上は連体形です。したがって、この「ぬ」は連体形なので、打消です。

見ゆ

活用＝見《語幹》・え《未然形》・え《連用形》・ゆ《終止形》・ゆる《連体形》・ゆれ《已然形》・えよ《命令形》

超基礎接続公式

連用形＋用言（用言の上は連用形）
連体形＋体言（体言の上は連体形）
終止形＋。（。の上は終止形）
命令形＋。（。の上は命令形）

見えぬ鳥＝ぬ＋体言↓「ぬ」は連体形だ！　「ぬ」は打消

⑥ 「ね」が已然形の時＝打消

例　秋来ぬと目にはさやかに見えねども風の音にぞおどろかれぬる「古今集」

訳　秋が来たと目にははっきりと見えないけれども、風の音で気づかされた。

まぎらわしい語の識別も公式化すれば簡単よね

「ど」や「ども」の上は已然形です。接続助詞のところでまとめます。

ここでは、已然形＋「ど」 已然形＋「ども」という公式を覚えてください。

逆接で「〜けれども」「〜のに」と訳します。

「ども」があるので例文の「ね」は已然形となります。したがって、「ね」は打消です。

⑦ 「ぬ」が終止形の時＝完了

例　桜咲きぬ。（「。」の上は終止形です。）

訳　桜が咲いた。

文末（係り結びなし）は終止形です。「。」の上は終止形です。

「。」の上は命令形もありますが、ここでは関係なしです。

打消の「ず」と完了の「ぬ」の活用表を見てください。命令形の「ぬ」はどちらにもありません。

⑧ 「ね」が命令形の時＝完了

例　とく帰りたまひね。（「。」の上は命令形です。）

訳　早く帰ってしまいなさい。

文末（係り結びなし）は命令形です。「。」の上は命令形です。

「。」の上は終止形もありますが、ここでは関係なしです。

打消の「ず」と完了の「ぬ」の活用表を見てください。終止形の「ね」はどちらにもありません。

【皆吉の合格板書　「ぬ」「ね」の識別】

① 未然形＋「ぬ」＝打消
② 未然形＋「ね」＝打消
③ 連用形＋「ぬ」＝完了
④ 連用形＋「ね」＝完了
⑤ 「ぬ」が連体形の時＝打消
⑥ 「ね」が已然形の時＝打消
⑦ 「ぬ」が終止形の時＝完了
⑧ 「ね」が命令形の時＝完了

「つ」「ぬ」の必勝公式

「強意（確述）＋推量の助動詞」の頻出パターンを覚えましょう！

「つ」「ぬ」

接続＝連用形　意味　①完了　～た　～てしまった
②強意　きっと～　確かに～　まさに～　③並列　～たり～たり

基本形	未然形	連用形	終止形	連体形	已然形	命令形
つ	て	て	つ	つる	つれ	てよ
ぬ	な	に	ぬ	ぬる	ぬれ	ね

「つ」「ぬ」の下に推量の助動詞がつくと、「つ」「ぬ」は強意の意味になります。「きっと《強意》～（だろう）」と訳します。（だろう）をカッコに入れたのには理由があります。例えば、推量の助動詞「べし」には複数の意味があります。必ずしも「推量」とは限りません。「意志」の時もあります。ですから、カッコに入れました。

強意（確述）＋推量の助動詞＝きっと～（だろう）
「つ」＋**推量の助動詞**の時、「つ」＝強意（確述ともいう）
「ぬ」＋**推量の助動詞**の時、「ぬ」＝強意（確述ともいう）

強意（確述）＋**推量の助動詞**の頻出パターンを示しました。すべて覚えてください！

強意（確述）＋推量の助動詞頻出パターン

「つべし」「ぬべし」「てむ」「なむ」「てむず」「なむず」
「つらむ」「ぬらむ」「てまし」「なまし」など。

例　潮満ちぬ。風も吹きぬべし。「土佐日記」
訳　潮が満ちた。風もきっと吹くだろう。

「つ」・「ぬ」には並列の意味もあります。「〜たり〜たり」と訳します。形に注意しましょう！　〜つ〜つ　〜ぬ〜ぬ

「つ」　並列の「つ」　〜つ〜つ
例　僧都乗っては降りつ、降りては乗っつ、〜　「平家物語」
訳　僧都は（船に）乗っては降りたり、降りては乗ったり、〜

「ぬ」　並列の「ぬ」　〜ぬ〜ぬ
例　白浪の上に漂ひ、浮きぬ沈みぬ揺られければ〜　「平家物語」
訳　白波の上に漂い、浮いたり、沈んだりして揺られたので、〜

【皆吉の合格板書　強意・並列の「つ」「ぬ」】

強意（確述）＋推量の助動詞＝きっと〜（だろう）

「つ　べし」「ぬ　べし」「て　む」「な　む」「て　むず」「な　むず」
「つ　らむ」「ぬ　らむ」「て　まし」「な　まし」　など。

並列の「つ」「ぬ」　「〜つ〜つ」「〜ぬ〜ぬ」の形に注意！　「〜たり〜たり」と訳す。

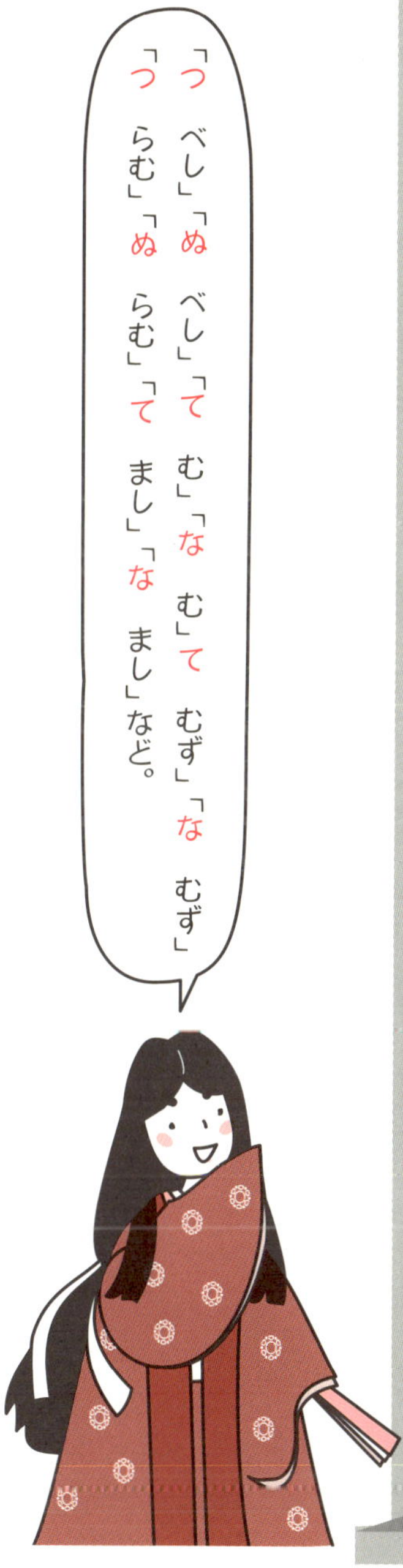
「つ　べし」「ぬ　べし」「て　む」「な　む」「て　むず」「な　むず」
「つ　らむ」「ぬ　らむ」「て　まし」「な　まし」など。

第六講

「き」の必勝公式

「き」は連用形接続だが、カ変・サ変には未然形と連用形に接続する！

「き」は直接体験した過去です。活用もきちんと覚えましょう！

「き」

接続＝連用形　意味　①過去（体験過去）～た

基本形	未然形	連用形	終止形	連体形	已然形	命令形
き	（せ）	○	き	し	しか	○

例　鬼のやうなるもの出で来て殺さむとしき。「竹取物語」

訳　鬼のようなものが出て来て、（私を）殺そうとした。

「き」は連用形接続です。しかし、カ変・サ変には未然形に接続することもあります。

発音の便宜上カ変・サ変には未然形接続もありなのです。

カ変から行きますよ。「き《連用形》　し」が「こ《未然形》　し」に、「き《連用形》　しか」が「こ《未然形》　しか」となります。

次はサ変に行きます。「し《連用形》　し」が「せ《未然形》　し」に、「し《連用形》　しか」が「せ《未然形》　しか」となります。

「し《連用形》　し」を例に考えてみましょう。「し　し」は発音しづらいです。「せ　し」の方が発音しやすいです。

難しく考える必要はありません。「こ　し」「こ　しか」「せ　し」「せ　しか」を暗記してください。

それで対応できますからね。


連用形接続「き」の例外。カ変・サ変には未然形に接続することもあります。

「こ　し」「こ　しか」「せ　し」「せ　しか」の形を暗記すること。

カ行変格活用
活用＝こ《未然形》・き《連用形》・く《終止形》・くる《連体形》・くれ《已然形》・こ《命令形》
こよ

サ行変格活用
活用＝せ《未然形》・し《連用形》・す《終止形》・する《連体形》・すれ《已然形》・せよ《命令形》

「けり」の必勝公式

和歌の中に現れた「けり」は詠嘆！

「けり」は過去だけでなく詠嘆の意味もあるので注意しましょう！

「けり」

接続＝連用形　意味　①過去（伝聞過去）〜た　〜たそうだ　②詠嘆〜だなあ　〜たのだなあ

基本形	未然形	連用形	終止形	連体形	已然形	命令形
けり	（けら）	○	けり	ける	けれ	○

例　竹取の翁といふ者ありけり。「竹取物語」

訳　竹取の翁という者がいたそうだ。（過去（伝聞過去））

「詠嘆」の時は①〜③となることが多い。「〜だなあ」「〜たのだなあ」と訳します。

①和歌の中に使われている「けり」　②会話文中の「けり」　③「なりけり」となった時の「けり」

①　例　見渡せば花も紅葉もなかりけり浦の苫屋《とまや》の秋の夕暮れ「新古今集」
　訳　見渡すと花も紅葉もなかったのだなあ。海辺の粗末な家のあたりの秋の夕暮れは。

②、③　例「あさましう、犬なども、かかる心あるものなりけり」「枕草子」
　訳「驚いたことに、犬などにも、このような心があるものであったのだなあ」

　あさまし　①驚きあきれたことだ。驚くばかりだ。②情けない。

②の補足　会話文の見分け方は二つ。
一、「　」の文。　二、［と］・［とて］・［など］の上は会話文もしくは心内文。
つまり、［と］・［とて］・［など］があったらその上に「　」をつけてみましょう。
　例「　」と

③の補足「なりけり」の「なり」は断定、「けり」が詠嘆。

「けれ」の正体を見抜け！　罠にひっかかるな！

「けれ」を見てすぐ過去の助動詞「けり」の已然形だと思わないでください。罠にひっかからないよう注意しましょう。

ひっかけ問題として、狙われそうな箇所は「助動詞の一部（活用語尾）」と「形容詞の一部（活用語尾）」です。

助動詞の一部はすぐに見抜けます。助動詞の活用を暗記していれば問題ありません。「まほしけれ」「たけれ」「べけれ」「まじけれ」は四つとも助動詞で已然形です。「けれ」は助動詞の一部（活用語尾）となります。

形容詞の終止形は「し」もしくは「じ」です。「けれ」をカッコに入れて「ないもの」と見なします。そして「し」もしくは「じ」をつけて見ると形容詞の正体を見抜くことができます。

例えば、「おもしろけれ」の「けれ」をカッコに入れます。「おもしろ（けれ）」となります。（けれ）はないものと見なします。「おもしろ」に「し」をつけます。「おもしろし」となり、形容詞と判明しました。「おもしろけれ」は形容詞「おもしろし」の已然形となります。したがって、「おもしろけれ」の「けれ」は形容詞の一部（活用語尾）となります。

［注意］「し」「じ」をつけなくても「けれ」をカッコに入れた段階でわかるものもあります。

例
「うつくしけれ」→「うつくし（けれ）」＝「うつくし」⇩「けれ」＝形容詞の一部（活用語尾）
「すさまじけれ」→「すさまじ（けれ）」＝「すさまじ」⇩「けれ」＝形容詞の一部（活用語尾）

【皆吉の合格板書　「き」「けり」】

連用形接続「き」の例外。カ変・サ変には未然形に接続することもある。
「こ　し」「こ　しか」「せ　し」「せ　しか」

「けり」には過去（伝聞過去）以外に詠嘆の意味もある。

「けり」が詠嘆になる時

①和歌の中の「けり」　②会話文中の「けり」　③「なりけり」の「けり」

「けれ」の識別

助動詞の一部（活用語尾）　形容詞の一部（活用語尾）に注意！

「まほしけれ」「たけれ」「べけれ」「まじけれ」　四つとも助動詞！

「けれ」は助動詞の一部（活用語尾）

「おもしろけれ」→「おもしろ（けれ）」→「おもしろ」→「おもしろ＋し」＝「おもしろし」

「うつくしけれ」→「うつくし（けれ）」→「うつくし」

「すさまじけれ」→「すさまじ（けれ）」→「すさまじ」

形容詞と判明　「けれ」は形容詞の一部（活用語尾）

第七講

「なり」の必勝公式

難問「なり」の識別も公式化により簡単に解けます！

「なり」の識別も狙われそうな箇所は決まっています。ズバリ4つです。

①　伝聞・推定の助動詞「なり」　②　断定の助動詞「なり」

③　形容動詞の一部（活用語尾）の「なり」　④　動詞の「なる」（四段活用の「なる」）です。

「なり」の識別を苦手とする受験生はたくさんいます。簡単に解けるので安心してください。それでは行きます。一から五と八から十の「なり」が助動詞です。

一、「なり」の上が終止形（ラ変型活用語は連体形）の時の「なり」は伝聞・推定です。終止形（ラ変型活用語は連体形）＋なり＝伝聞・推定。

二、「なり」の上が連体形もしくは体言の時の「なり」は断定です。連体形もしくは体言＋なり＝断定。

三、「なり」の連体形「なる」の上に場所が来て、下に体言（名詞）がある時は存在です。「場所＋なる＋体言＝存在」と覚えましょう。

四、終止形と連体形が同じ形の時があります。断定なのか伝聞・推定なのか見た目で判断できません。でも、大丈夫！　「なり」の上を見て判断できます。音や声に関係する語があれば伝聞・推定です。

五、「なり」の上に撥《はつ》音便が来たら「なり」は伝聞・推定です。音便とは発音の便宜上、音が変わることを言います。撥《はつ》音便は発音の便宜上「ン音」に変わります。例えば、ラ変の連体形「ある」の下に助動詞「なり」が来た時に「ある」が「あん」と変化します。この「ん」を表記しないこともよくあります。「あるなり→あんなり→あなり」となったのです。撥音便＋なりの頻出パターンがあります。一気に覚えましょう。「あるなり→あんなり→あなり」「なるなり→なんなり→ななり」「たるなり→たんなり→たなり」「ざるなり→ざんなり→ざなり」です。これらの「なり」は伝聞・推定です。とくに「なるなり→なんなり→ななり」の「なり」は注意してください。「なる」は断定で、「なり」が伝聞・推定ですからね。「なる（断定）＋なり（伝聞・推定）」。つまり「なる《断定》なり《伝聞・推定》→なん《断定》なり《伝聞・推定》→な《断定》なり《伝聞・推定》」です。覚え方はまずそれぞれの頭文字に注目してください。「あるなり→あんなり→あなり」「なるなり→なんなり→ななり」「たるなり→たんなり→たなり」「ざるなり→ざんなり→ざなり」これらの頭文字は「あ・な・た・ざ」です。「あなたはざる顔です」と覚えましょう。ざる顔？　ざるのような顔？　深く考えないでください。覚え方ですからね（笑）。「あなたはざる顔」までは大丈夫ですよね。次の「です」も無視してはいけません。「で＝伝聞・す＝推定」を意味します。つまり、この時の「なり」は伝聞・推定でしたね！　「あなたはざる顔です」と何度も音読してください！

六、形容動詞の一部（活用語尾）の「なり」です。形容動詞については既に説明済みです。「〜なり」の上に「とても」「たいそう」「非常に」を付けて自然な日本語になれば形容動詞でしたね。例えば「静かなり」に「とても」を付けると「とても静かな状態だ」「とても静かだ」と自然な日本語になります。覚えていますか。まだありましたよね。「なり」の上に「いたづら」「あはれ」「か」「げ」があれば形容動詞でした。覚え方は、勉強をさぼり、「いたづら」ばかりしている受験生のかげは、あはれだ」でしたね。

例　いたづらなり　あはれなり　静かなり　をかしげなり

ですから、例えば、「あはれなり」の「なり」は形容動詞の一部（活用語尾）となります。「ナリ活用」の連用形は「なり」と「に」でした。「に」の上に「いたづら」「あはれ」「か」「げ」があればこれらも形容動詞でしたね。

例　いたづらに　あはれに　静かに　をかしげに

「なり」や「に」の上に「いたづら」「あはれ」「か」「げ」があったら形容動詞です！

七、動詞の「なる」です。四段活用です。「ら《未然形》・り《連用形》・る《終止形》・る《連体形》・れ《已然形》・れ《命令形》」と活用しましたね。「なる」と自然に訳せたら動詞の「なる」です。例えば「朝になりて」を訳すと「朝になって」となります。「～になる」と自然に訳せたでしょ！

もう一つテクニックを教えます。動詞の「なる」の上によく付く語があります。例に示した「に」もその中の一つです。「なり」の上に「に」がありましたね。その他「と」「く」「ず」「う」などがあります。覚え方は「と・く・に・ず・うずうしい（特に図々しい）」です。

「～く」は形容詞の連用形です。動詞ではありません。例えば「うれしくなりて」は「なり」の上に「く」があります。「うれしく」は形容詞の連用形です。したがって、「うれしくなりて」の「なり」は動詞となります。「～う」の例としては、「うつくしうなりて」などがあります。「なり」の上に「う」がありますね。

ここで、形容詞の「ウ音便」について説明します。形容詞の連用形「く」が発音の便宜上「う」に変わることがあります。形容詞の連用形「うつくしく」が「うつくしう」と変わりました。これが「ウ音便」です。

「ずなり」も頻出です。「ずなり」の「なり」は動詞と覚えましょう。この「ず」は、打消の助動詞「ず」の連用形です。

八〜十の公式は**難関大突破のための差がつく必勝公式**です。他の受験生が知らないであろう公式を伝授します。しっかり覚えましょう！　八、九は「断定」、十は「伝聞・推定」の公式です。

八、「なりけり」の「なり」は断定と考えましょう。

九、断定の「なり」はいくつかの助詞や副詞に付く時があります。あまり聞いたことないでしょう？このことを知らない受験生が多いのです。つまり、僕の本で勉強している君たちは他の受験生に差をつけることができるのです。助詞＋「なり」の頻出例です。「**已然形＋ば**」や「**ばかり**」の下に付いた「なり」は断定となります。副詞＋「なり」は「**かく**」「**さ**」「**しか**」の下に付いた「なり」が狙われます。この「なり」も断定です。頻出なものを覚えてしまいましょう。

十、係り結びの時の「なる」と「なれ」は伝聞・推定の時が多いのです。「**ぞ**」「**なむ**」「**や**」「**か**」〜「なる」＝伝聞・推定・「**こそ**」〜「なれ」＝伝聞・推定と考えましょう。「係り結び」の公式で詳しく説明しますが、係り結びは文末を連体形もしくは已然形にします。「ぞ」「なむ」「や」「か」を係助詞と言います。これらがあると、文末は連体形になります。「こそ」も係助詞です。「こそ」は文末を已然形にします。

「なり」の識別

一、接続＝終止形（ラ変型活用語は連体形）

意味　①伝聞　～だそうだ　～という　②推定　～ようだ　～らしい

終止形（ラ変型活用語は連体形）＋「なり」＝伝聞・推定

基本形	未然形	連用形	終止形	連体形	已然形	命令形
なり	○	なり	なり	なる	なれ	○

二、接続＝連体形・体言

［注意］　形容動詞の「ナリ活用」と活用が同じです。

意味　①断定　～である　②存在　～にある　～にいる

連体形・体言＋「なり」＝断定

基本形	未然形	連用形	終止形	連体形	已然形	命令形
なり	なら	なり に	なり	なる	なれ	なれ

例　男もす《サ変・止》なる《伝聞》日記といふものを女もしてみむとてするなり《サ変・体　断定》。「土佐日記」

訳　男も書く（する）という日記というものを女も書いてみようと思って書く（する）のである。

す＝サ変の終止形　　する＝サ変の連体形

終止形＋なる＝伝聞　　連体形＋なり＝断定

三、断定の「なり」には「存在」の意味もある。　存在　〜にある　〜にいる

場所＋なる＋体言（名詞）＝存在

例　春日なる三笠の山「古今集」

訳　春日にある三笠の山

四、終止形と連体形が同じ形の時の識別法

例えば、四段の「鳴く」は、｛か《未然形》　き《連用形》　く《終止形》　く《連体形》　け《已然形》　け《命令形》｝と活用します。

｛終止形と連体形が同じ形｝

「なり」の上に音や声に関係する語があれば伝聞・推定と考える。

例　小鳥鳴くなり（「鳴く」は音や声に関係する語。「なり」は伝聞・推定。）

五、撥音便＋なり＝伝聞・推定

撥音便＋なり＝伝聞・推定

頻出パターン

A、あるなり→あんなり→あなり　B、なるなり→なんなり→ななり

C、たるなり→たんなり→たなり　D、ざるなり→ざんなり→ざなり

A～Dの「なり」は伝聞・推定

［注意］「ななり」の「なり」は伝聞・推定　「ななり」の「な」は断定

なる《断定》なり《伝聞・推定》→なん《断定》なり《伝聞・推定》→な《断定》なり《伝聞・推定》

六、「～なり」の上に「とても」「たいそう」「非常に」を付けて自然な日本語になれば形容動詞。

その際「なり」にのみ下線が引かれている時は形容動詞の一部（活用語尾）

「なり」の上に「いたづら」「あはれ」「か」「げ」があった時の「なり」は形容動詞の一部（活用語尾）

［覚え方］　勉強をさぼり、「いたづらばかりしている受験生のかげは、あはれだ」

例　いたづらなり　あはれなり　静かなり　をかしげなり

七、「なり」の上に「と」「く」「に」「ず」「う」があった時の「なり」は動詞

「〜となり」「〜くなり」「〜になり」「〜ずなり」「〜うなり」

〔覚え方〕「と・く・に・ず・う　ずうしい（特に図々しい）」

次の八〜十は難関大突破のための差がつく必勝公式です。

八、「なりけり」の「なり」は断定と考える。

九、断定の「なり」はいくつかの助詞や副詞に付く。

助詞＋「なり」　例　**已然形**＋**ば**なり　**ばかり**なり

副詞＋「なり」　例　**かく**なり（このようである）　**さ**なり（そのようである）

しかなり（そのようである）

これらの「なり」は断定です。

十、係り結びの時の「なる」と「なれ」は伝聞・推定の時が多い。

例　「**ぞ**」「**なむ**」「**や**」「**か**」〜「なる」＝伝聞・推定

「**こそ**」〜「なれ」＝伝聞・推定

例　世の中よ道こそなけれ思ひ入る山の奥にも鹿ぞ鳴くなる「千載集」「ぞ～なる《連体形》」

訳　世の中というものは、辛さから逃れる道がないものだ。深く思い込んで入った山の奥でも、悲しいことがあり、鹿が鳴いているようだ。

四段活用の「鳴く」は終止形と連体形が同じ形です。その場合、「なり」の上に音や声に関係する語があれば伝聞・推定でしたね。「鳴く」という動詞は音声を表します。

ここから、正解を導き出せますが、係り結びの結びの「なる」「なれ」は伝聞・推定になる時が多いことも、覚えておきましょう。

「めり」の必勝公式

「めり」の語源＝見え＋あり

「めり」の語源＝見え＋あり！　「（見たところ）～のようだ」と考えてください。
この推定の意味から婉曲の意味が生じたと言われています。

「めり」
　接続＝終止形（ラ変型活用は連体形）
　意味　①推定　～ように見える　～ようだ　②婉曲　～ように思われる　～ようだ

基本形	未然形	連用形	終止形	連体形	已然形	命令形
めり	○	めり	めり	める	めれ	○

例　山陰の暗がりたる所を見れば、蛍は驚くまで照らすめり。「蜻蛉日記」

訳　山陰の暗くなっている所を見ると、蛍が驚くほど照らしているように見える。

【皆吉の合格板書　「なり」「めり」】

一、終止形（ラ変型活用語は連体形）＋「なり」＝伝聞・推定

二、連体形・体言＋「なり」＝断定

三、場所＋なる＋体言（名詞）＝存在

四、｛終止形と連体形が同じ形｝の時は「なり」の上に音や声に関係する語があれば伝聞・推定

五、撥音便＋なり＝伝聞・推定

頻出パターン

A、あるなり→あんなり→あなり　B、なるなり→なんなり→ななり
C、たるなり→たんなり→たなり　D、ざるなり→ざんなり→ざなり
A～Dの「なり」は伝聞・推定　覚え方＝「あなたはざる顔です」

六、「～なり」の上に「とても」「たいそう」「非常に」を付けて自然な日本語になった時の「なり」＝形容動詞の一部（活用語尾）
「なり」の上に「いたづら」「あはれ」「か」「げ」の時の「なり」＝形容動詞の一部（活用語尾）
［覚え方］　勉強をさぼり、「いたづらばかりしている受験生のかげは、あはれだ」

七、「なり」の上に「と」・「く」「に」「ず」「う」の時の「なり」＝動詞
覚え方＝「と・く・に・ず・うずうしい（特に図々しい）」
［注意］　「～く」は形容詞の連用形。**動詞ではない**。

八～十は難関大突破のための差がつく必勝公式です。

八、「なりけり」の「なり」＝断定

九、断定の「なり」はいくつかの助詞や副詞に付く。頻出例を暗記！
助詞＋「なり」 例 **已然形**＋**ば**なり **ばかり**なり
副詞＋「なり」 例 **かく**なり **さ**なり **しか**なり
これらの「なり」は断定。

十、係り結びの時の「なる」と「なれ」は伝聞・推定の時が多い。
例 「**ぞ**」「**なむ**」「**や**」「**か**」～「なる」＝伝聞・推定
「**こそ**」～「なれ」＝伝聞・推定

「めり」 意味 ①推定 ～ように見える ～ようだ ②婉曲 ～ように思われる ～ようだ

第八講

「む」「むず」の必勝公式

「む」＝「ん」「むず」＝「んず」を忘れずに！

「む」と「むず」は同じ公式です。入試では「む」のほうが圧倒的に問われます。「むず」は推量と意志が狙われます。「む」は「ん」と表記されることもあります。「むず」は「んず」と表記されることもあります。「む」＝「ん」「むず」＝「んず」を忘れないでください。また「むず」の「ず」を打消と勘違いしないでください。「むず」は推量の助動詞「む」に格助詞「と」とサ変の「す」がくっついた「むとす」が変化した形なのです。したがって「むず」に打消の意味はありません。「む」の意味は①〜⑥まであります。「①推量 ②意志 ③仮定 ④婉曲 ⑤適当 ⑥勧誘」です。覚え方は頭文字に注目です。

①推量＝ス ②意志＝イ ③仮定＝カ ④婉曲＝エ ⑤適当＝テ ⑥勧誘＝カンユウ

最後の勧誘だけはそのままにしておきましょう！「スイカエテ勧誘（スイカ得て勧誘）」となります。スイカは電車に乗るときに使うスイカでも、食べるスイカでも構いません。お好きな方をイメージしてください。スイカを得て勧誘するのです（笑）。定期のスイカの場合、駅の自動販売機で缶ジュースが購入できますよね。「スイカを得たぜ（購入したということね）！ 僕のスイカでジュースおごるから、一緒に遊びに行きませんか？」 食べ物のスイカの場合、「スイカを得たよ！ スイカあげるから〇〇サークルへ入りませんか？」と勧誘するイメージです。どちらも、断られますね（笑）。勧誘の仕方を教えているのではなく覚え方ですからね（笑）！　それでは一つ一つ見て行きます。主語が一人称の時の「む」は「意志」です。一人称ってわかりますか？「私」です。古文では「われ（我）」などです。もう一つ、「と」の上の「む」も意志の時が多いです。主語が二人称の時の「む」は「適当・勧誘」です。二人称は「あなた」です。古文では「なむぢ（汝）」などです。もう一つ、「こそ〜め」となっていたら「め」は適当・勧誘の時が多いです。係り結びのところで詳しく説明しますが、係助詞の「こそ」があると文末は「已然形」にしなくてはならないルールがあります。「こそ〜已然形」です。先程の「め」は「む」の已然形です。「こそ」があるから「め」となります。ともかく「こそ〜め」となった時の「め」は適当もしくは勧誘です。「〜てむや」「〜なむや」となった時の「む」も適当・勧誘です。「〜てむや」「〜なむや」を訳しなさいという問題が出た時は「〜てくれないか」と訳しましょう。辞書を引くと他にも意味が書いてあります。反語の意味も確かにあります。しかし、まずは公式に当てはめ、文脈上不自然だと思ったら立ち止まるのです。主語が三人称の時の「む」は推量です。三人称は「私・あなた以外」です。「私・あなた以外」ということは「彼」「彼女」は当然ですが、例えば「物」もＯＫですよ！　人間でなくても構いませんからね。次は文中の「む」に注意してください！　婉曲と仮定が狙われます。「む」の下に体言（名詞）があれば「む」は婉曲です。「む」の下に助詞があれば「む」は仮定です。「む」＋体言（名詞）＝婉曲で、「む」＋助詞＝仮定です。婉曲と仮定の「む」は連体形です。多くは、公式を当てはめるだけで簡単に解けます。しかし、公式が全てではありません。文脈判断も忘れずにしましょう。

「む」

接続＝未然形

意味 ①推量〜だろう ②意志 〜しよう ③仮定 （もし）〜ならば ④婉曲 〜ような
⑤適当〜するのがよい 〜する方がよい ⑥勧誘 〜したらどうか 〜しませんか

基本形	未然形	連用形	終止形	連体形	已然形	命令形
む（ん）	○	○	む（ん）	む（ん）	め	○

主語が一人称の時の「む」＝意志

例 我行かむ。

訳 私が行こう。

「と」の上の「む」＝意志

例 子安貝取らむとおぼしめさば、〜 「竹取物語」

訳 子安貝を取ろうとお思いになるのならば、〜

主語が二人称の時の「む」＝適当・勧誘

例　汝行かむ。

訳　あなたは行きませんか。

「こそ〜め」の「め」＝適当・勧誘

例　とくこそ試みさせたまはめ。「源氏物語」

訳　はやくお試しになるのがよい。

「〜てむや」「〜なむや」の「む」＝適当・勧誘

例　翁の申さむこと、聞きたまひてむや。「竹取物語」

訳　この老人が申し上げることを、お聞きになってくれないか。

主語が三人称の時の「む」＝推量

例　雨降らむ。

訳　雨が降るだろう。

㊟　三人称は「私・あなた」以外。

文中の「む」＋体言＝婉曲もしくは仮定（婉曲の時が多い）
文中の「む」＋助詞＝仮定もしくは婉曲（仮定の時が多い）
「む」＋助詞　例　「むは」「むが」「むも」「むに」「むこそ」など。
㊟「は」「が」「も」「に」「こそ」は助詞。

例　思はむ子を法師になしたらむこそ心苦しけれ。「枕草子」
訳　かわいく思うような子どもを僧にしたとしたならば、気の毒である。

「むず」

接続＝未然形
意味　①推量　～だろう　②意志　～しよう　③仮定（もし）～ならば　④婉曲　～ような
⑤適当　～するのがよい　～する方がよい　⑥勧誘～　したらどうか　～しませんか

「むず」は推量・意志を問われることが多い。

基本形	未然形	連用形	終止形	連体形	已然形	命令形
むず（んず）	○	○	むず（んず）	むずる（んずる）	むずれ（んずれ）	○

「む」と「むず」の使い分けがあるのはご存じですか？　知っていたら、古文オタクですよ（笑）。
「むず」は平安時代に生じた口頭語という説があります。平安時代には主として会話文に使用されていました。「む」より使用範囲も狭かったのです。「枕草子」を読むと清少納言の「むず」への評価がわかります。清少納言は「むず」という言葉をマイナス評価しています。詳しく述べると「枕草子」の〈ふと心おとりとかするものは～〉に書かれています。上記した「む」と「むず」の使い分けや評価を知らなくても入試問題は解けます。古文に少しでも興味を持ってもらいたかったので説明しました。

「じ」の必勝公式

「じ」は「む」の打消

「じ」は「む」の打消なので、「む」の公式を利用し、打消の意味を添えるだけです。しかも、意味は二つです。活用もすべて「じ」なので受験生にはありがたい助動詞です。

主語が一人称の時の「じ」は打消意志です。主語が三人称の時の「じ」は打消推量です。

「じ」（「む」の打消。見分け方は「む」の公式を利用）

接続＝未然形　意味　①打消推量　～ないだろう　②打消意志　～ないつもりだ

基本形	未然形	連用形	終止形	連体形	已然形	命令形
じ	○	○	じ	じ	じ	○

主語が一人称の時の「じ」＝打消意志　例　我行かじ。　訳　私は行かないつもりだ。

主語が三人称の時の「じ」＝打消推量　例　雨降らじ。　訳　雨は降らないだろう。

【皆吉の合格板書　「む」「むず」「じ」】

主語が一人称の時の「む」＝意志
「と」の上の「む」＝意志
主語が二人称の時の「む」＝適当・勧誘
「こそ〜め」の「め」＝適当・勧誘
「〜てむや」「〜なむや」の「む」＝適当・勧誘
主語が三人称の時の「む」＝推量　　三人称は「私・あなた以外」
文中の「む」＋体言＝婉曲もしくは仮定（婉曲の時が多い）
文中の「む」＋助詞＝仮定もしくは婉曲（仮定の時が多い）
「む」＋助詞　例　「むは」「むが」「むも」「むに」「むこそ」　など。
㊟「は」「が」「も」「に」「こそ」は助詞！
主語が一人称の時の「じ」＝打消意志
主語が三人称の時の「じ」＝打消推量

第九講

「まし」の必勝公式

「まし」も形にこだわれ！

「まし」の意味は①〜③まであります。①反実仮想　②ためらいの意志　③不可能な希望です。①と②を覚えておけばほとんど通用します。①と②が頻出です。③は合格する受験生でも知らないことが多いのです。ということは、知っていれば他の受験生に差をつけることができます。僕も受験生の頃は①と②の意味しか知りませんでした。③の意味を知ったのは大学生になり文献をたくさん読んでからです。

それでは行きますよ！　まず、①の反実仮想です。これは形がとても大事です。「ましかば〜まし」「ませば〜まし」「せば〜まし」「未然形＋ば〜まし」となっていたら、反実仮想です。反実仮想は文字通り事実に反したことを仮に想像するという意味です。したがって、「もし〜だったら〜だろうに」と訳します。

②のためらいの意志も形に注目です。「まし」の上に疑問を表す語があればためらいの意志です。疑問を表す語には、例えば係助詞の「や」と「か」があります。これも係り結びのところで詳しく説明しますが、係助詞の「や」と「か」は疑問の意味があります。他に疑問を表す語としては「いかに」「何」なども有名です。「疑問を表す語〜まし」＝ためらいの意志です。「〜しようかしら」と訳します。③の不可能な希望は①と②で対処できなかった時の奥の手です。「〜だったらよかったのに」と訳します。つまり、実際には実現不可能なことへの希望あるいは後悔を表します。そうした文脈で使用すると考えてください。①

②をしっかり覚えておけば大丈夫です。もちろん③も覚えてほしいです。試験にまったく出ないわけではないですからね。

「まし」

接続＝未然形

意味 ①反実仮想（事実に反したことを仮に想像する） もし～だったら～だろうに

②ためらいの意志 ～しようかしら ③不可能な希望 ～だったらよかったのに

基本形	未然形	連用形	終止形	連体形	已然形	命令形
まし	ましか ませ	○	まし	まし	ましか	○

① 反実仮想 （もし）～だったら～だろうに

ましかば ませば せば 未然形＋ば	～	まし

例　鏡に色かたちあらましかば、うつらざらまし。「徒然草」
訳　鏡に色や形があったなら、何も映らないだろうに。

②　ためらいの意志　～しようかしら

「や」「か」「いかに」「何」などの疑問を表す語 ～ まし

例　これに**何**を書かまし。「枕草子」
訳　これに**何**を書こうかしら。

③　不可能な希望　～だったらよかったのに

例　見る人もなき山里の桜花ほかの散りなむのちぞ咲かまし　「古今集」
訳　見る人もいない山里の桜花よ。他の桜が散ってしまった後に咲いたらよかったのに。

難関大突破のための差がつく必勝公式です。他の受験生が知らないであろう公式を伝授します。
パート1と**パート2**をしっかり覚えましょう！
パート1　「ずは～まし」と出ても焦らない！

「ずは」は「〜ないならば」と訳します。打消の助動詞「ず」のところで勉強しました。復習です。「ずは〜まし」となっと時は「（もし）〜ないならば〜だろうに」と訳してください。

例　あひ見ずは恋しきこともなからまし音にぞ人を聞くべかりける　「古今集」

訳　もし逢わなかったならば、恋しいこともなかっただろうに。あの人のことはうわさにだけ聞いておけばよかったのだ。

パート2　助動詞「まし」ではなく**形容詞**だ！　訳すときに注意しましょう。

例　大輔《だいぶ》なからましかば、**恥ぢがましかり**けることかな。「俊頼髄脳」

訳　もし、大輔がいなかったなら、恥をかいたことだなあ。

「ましかば〜まし」ではないので注意！　「**恥ぢがまし**」は**形容詞**で、意味は「恥ずかしい」です。

「らむ」「けむ」の必勝公式

「らむ」＝「らん」　「けむ」＝「けん」を忘れずに！

「らむ」は「らん」そして「けむ」は「けん」と表記されることがあります。「らむ」の代表的な意味は現在推量です。「けむ」の代表的な意味は過去推量です。このことから、「らむ」を過去にしたのが「けむ」だとわかります。時制が違うだけで、公式は同じです。

「らむ」は現在推量の時は「今ごろは～ているだろう」「～ているだろう」と訳します。原因推量の時は「(どうして)～なのだろう」「(～なので)～だろう」と訳します。原因推量は「らむ」の上に疑問を表す語が来ている場合があります。大きな判断材料になるので見逃さないでください。例えば「など」は「どうして。なぜ。」と訳す重要単語です。疑問を表す語ですね。「など～らむ」となった場合「どうして～なのだろう」と訳してみてください。上手く訳せると思います。「など」「なに」「いかに」などの疑問を表す語～らむ」＝原因推量です。また、「らむ」の上に「已然形＋ば」があったら要注意です。接続助詞のところで詳しく説明します。ここでは「已然形＋ば」は「～ので(～から)」と訳すと覚えてください。例えば「大きなる榎の木のありければ、～」を見てください。「けれ」は過去の助動詞「けり」の已然形です。その下に「ば」があります。「已然形＋ば」となっていることがおわかりいただけたと思います。「已然形＋ば」は「～ので(～から)」と訳すのでしたね。それでは訳してみましょう。「大きな榎の木があったので、～」となりますね。「已然形＋ば」は原因・理由を表し「～ので(～から)」と訳します。ですから、「已然形＋ば～らむ」となっていたら「～なので～だろう」と訳してみてください。上手く訳せると思います。「已然形＋ば～らむ」＝原因推量です。次は婉曲・伝聞です。「らむ」の下に体言（名詞）が来ると婉曲・伝聞と考えてください。「らむ＋体言（名詞）」＝婉曲・伝聞です。「～ような・～とかいう」と訳します。

先程述べた通り「けむ」の公式は「らむ」と同じです。意味が過去になるだけです。過去推量は「～ただろう」と訳します。「「など」「なに」「いかに」などの疑問を表す語～けむ」＝過去の原因推量です。例えば「など～けむ」となっていたら、「どうして～たのだろう」と訳してみましょう。「已然形＋ば～けむ」＝過去の原因推量です。「～なので～たのだろう」と訳してみましょう。過去の婉曲・伝聞は「けむ」の下に体言（名詞）です。「けむ＋体言（名詞）」＝過去の婉曲・伝聞です。訳は「～たような・～たとかいう」です。

「らむ」

接続＝終止形（ラ変型活用語は連体形）

意味　①現在推量　今ごろは～ているだろう　～ているだろう

②原因推量　（どうして）～なのだろう　（～なので）～だろう

③婉曲・伝聞　～ような　～とかいう

基本形	未然形	連用形	終止形	連体形	已然形	命令形
らむ（らん）	○	○	らむ（らん）	らむ（らん）	らめ	○

現在推量　例　子泣くらむ　「万葉集」

訳　今ごろは子どもが泣いているだろう。

原因推量　「など」「なに」「いかに」などの疑問を表す語〜らむ　どうして〜なのだろう

例　春霞なに隠すらむ　「古今集」

訳　春霞はどうして隠すのだろう。

已然形＋ば〜らむ　〜なので〜だろう

已然形＋ば＝〜ので

例　吹くからに秋の草木のしをるれ《已然形》ばむべ山風を嵐と言ふらむ　「古今集」

訳　風が吹くとすぐに秋の草木がしおれるので、なるほど山風を嵐と言うのだろう。

しをる　①（草や花などが）しおれる。　②悲しみに沈む。

からに　①〜するとすぐに　②〜ので

むべ　①なるほど。

「しをる」はラ行下二段活用です。已然形は「しをるれ」です。その下に「ば」があります。「已然形＋ば」とわかります。原因・理由を表し「～ので（から）」と訳します。

婉曲・伝聞

らむ＋(体言)＝婉曲・伝聞

例　人の言ふらむ(こと)を～『枕草子』（らむ＝婉曲）

訳　人が言うようなことを～

「けむ」（「らむ」の過去なので公式は同じ！）

接続＝連用形

意味　①過去推量　～ただろう

②過去の原因推量　（どうして）～たのだろう　（～なので）～たのだろう

③過去の婉曲・伝聞　～たような・～たとかいう

基本形	未然形	連用形	終止形	連体形	已然形	命令形
けむ（けん）	○	○	けむ（けん）	けむ（けん）	けめ	○

過去の原因推量
「など」「なに」「いかに」などの疑問を表す語＋けむ　已然形＋ば＋けむ

過去の婉曲・伝聞
けむ＋体言

受験生泣かせの「らむ」の識別です！

「らむ」は受験生泣かせの助動詞です。識別問題が出題されるとお手上げの受験生も数多くいるはずです。

まずこれを覚えてください。次に「らむ」の上が**エ音**の時は完了の助動詞「り」＋推量の助動詞「む」です。**音**を利用して瞬時に解いてしまいましょう。今勉強してきた現在推量の助動詞「らむ」の上は**ウ音**です。

「らむ」の正体が「未然形の一部（活用語尾）＋推量の助動詞「む」の時もあります。「む」を外して考えるとすぐにわかります。とにかく①〜③の公式を覚えれば楽勝です。

「らむ」の識別（①、②は「らむ」の上の音をチェック。）

① ウ音＋「らむ」＝現在推量の助動詞

例 知るらむ 知る（ウー）となります。ウ音＋らむ＝現在推量の助動詞です！

② エ音＋「ら｜む」＝完了（存続）＋推量の助動詞「む」

知れら｜む 知れ（エー）となります。エ音＋「ら・り・る・れ」は完了もしくは存続でしたね。

完了の助動詞「り」の未然形「ら」＋推量の助動詞「む」となります。

エ音＋「ら」「り」「る」「れ」＝完了・存続

③ その他 未然形の一部（活用語尾）＋む

「動詞の未然形＋む」「形容詞の未然形＋む」「形容動詞の未然形＋む」「助動詞の未然形＋む」が狙われやすい！

例

あら｜む ラ変動詞「あり」の未然形「あら」の一部＋推量の助動詞「む」

うれしから｜む 形容詞「うれし」の未然形「うれしから」の一部＋推量の助動詞「む」

つれづれなら｜む 形容動詞「つれづれなり」の未然形「つれづれなら」の一部＋推量の助動詞「む」

べから｜む 助動詞「べし」の未然形「べから」の一部＋推量の助動詞「む」

①、②は「らむ」の上の音で識別です。③は「む」を外して考えましょう。「あら」となりラ変とわかります。「うれしから」となり形容詞と判明です。「つれづれなら」は形容動詞です。「とても」を付けると「とてもたいくつだ」と自然な日本語になりますね。「つれづれなり」は重要単語です。合格単語集で確認しましょう。「べから」となり助動詞の正体を見破れました。簡単ですね。解き方を知らないと難問です。「知るらむ」「知れらむ」「あらむ」「うれしからむ」「つれづれならむ」「べからむ」「らむ」の部分を赤色にしました。入試では下線部となるでしょう。識別方法がわからなければ、すべて同じに見えてしまいます。きちんと復習しておきましょう。

【皆吉の合格板書 「まし」】

①反実仮想　（もし）～だったら～だろうに

ましかば	～	まし
ませば		
せば		
未然形＋ば		

②ためらいの意志　～しようかしら

「や」「か」「いかに」「何」などの疑問を表す語 ～ まし

③不可能な希望　～だったらよかったのに

難関大突破のための差がつく必勝公式

パート1　「ずは～まし」（もし）～ないならば～だろうに

パート2　助動詞「まし」ではなく**形容詞**だ！　例「恥ぢがまし」は形容詞。

意味は「恥ずかしい」。

例　大輔《だいぶ》なからましかば、**恥ぢがましかり**けることかな。「俊頼髄脳」

訳　もし、大輔がいなかったなら、恥をかいたことだなあ。

「ましかば～まし」ではないので注意！

【皆吉の合格板書　「らむ」「けむ」と「らむ」の識別】

「らむ」

現在推量　今ごろは〜ているだろう　〜ているだろう

原因推量　（どうして）〜なのだろう
　「「など」「なに」「いかに」などの疑問を表す語〜らむ」
　（〜なので）〜だろう「已然形＋ば〜らむ」

婉曲・伝聞　〜ような　〜とかいう「らむ＋体言」

「けむ」

過去推量　〜ただろう

過去の原因推量　（どうして）〜たのだろう
　「「など」「なに」「いかに」などの疑問を表す語〜けむ」
　（〜なので）〜たのだろう「已然形＋ば〜けむ」

過去の婉曲・伝聞　〜たような・〜たとかいう「けむ＋体言」

「らむ」の識別

①　ウ音＋「らむ」＝現在推量の助動詞
　　知る（ウ音）らむ

②　エ音＋「らむ」＝完了の助動詞「り」の未然形＋推量の助動詞「む」
　　エ音＋「ら」「り」「る」「れ」＝完了・存続
　　知れ（エ音）ら―む

③　その他　未然形の一部（活用語尾）＋推量の助動詞「む」
　　「動詞の未然形＋む」「形容詞の未然形＋む」「形容動詞の未然形＋む」

　　「助動詞の未然形＋む」が狙われやすい。

　　「む」を外して考える。

第十講

「べし」の必勝公式

「べし」は「む」の友達！　「む」を強めたのが「べし」！

「べし」と「む」は友達関係だと思ってください（笑）。友達なので、「む」の公式を「べし」にも利用できるのです。そう考えるとわかりやすいでしょ？　「べし」の意味は①〜⑥まであります。覚え方は頭文字をつなげてください。「①推量ス　②意志イ　③可能カ　④当然ト　⑤命令メ　⑥適当テ」です。「スイカトメテ」となりますよね。スイカが転がってくるのを止める様子をイメージしてください。そんな状況ないとか思わないでください（笑）。意志から行きます。「む」の友達ですから、主語が一人称の時の「べし」は意志です。「と」の上の「べし」は意志の時が多いです。主語が二人称の時の「べし」は「当然・命令・適当」です。二人称は「あなた」です。古文では「なむぢ（汝）」などでしたね。主語が三人称の時の「べし」は推量です。三人称は「私・あなた以外」でした。もう一つ重要なことがあります。「べし」の下に打消が来ると可能になりやすいです。

「べし」

接続＝終止形（ラ変型活用語は連体形）

意味 ①推量～だろう ②意志～しよう ③可能～できる
④当然～はずだ ～べきだ ⑤命令～しなさい
⑥適当～するのがよい ～する方がよい
［覚え方］ スイカトメテ

基本形	未然形	連用形	終止形	連体形	已然形	命令形
べし	（べく） べから	べく べかり	べし ○	べき べかる	べけれ ○	○

主語が一人称の時の「べし」＝意志

例 我行くべし。

訳 私が行こう。

「と」の上の「べし」は意志

例 この一矢《ひとや》に定むべしと思へ 「徒然草」

訳 この一矢で決めようと思え。

主語が二人称の時の「べし」＝当然・命令・適当

例　汝行くべし。

訳　あなたが行くべきだ（当然）。

訳　お前が行け（命令）。

訳　あなたが行く方がよい（適当）。

文脈判断してください。文章の前後のつながりに注意しながら読むと見分けられます。

主語が三人称の時の「べし」＝推量

例　雨降るべし。

訳　雨が降るだろう。

㊟　三人称は「私・あなた」以外。

「べし」＋「打消」＝可能　（「べし」の下に「打消」が来ると「可能」になりやすい）

例 羽なければ、空をも飛ぶべからず。「方丈記」
訳 羽がないので、空を飛ぶこともできない。

㊟ 「べし」＋打消＝「可能」以外の意味になることも忘れてはいません。必ず文脈判断してください。

例 都の中に多き人、死なざる日はあるべからず。「徒然草」
訳 都の中にたくさんいる人が、死なない日があるはずがない。

このように「当然」の時もあります。注意しましょう。

「まじ」の必勝公式

「まじ」は「べし」の打消

「まじ」は「べし」の打消なので、「べし」の公式を利用できます。それでは見ていきましょう。主語が一人称の時の「まじ」は打消意志です。主語が二人称の時の「まじ」は打消当然・禁止・不適当です。主語が三人称の時の「まじ」は打消推量です。もう一つ重要なことがあります。「え〜まじ」となった時の「まじ」は不可能です。

意味の覚え方は「べし」の「スイカトメテ」を利用しましょう。スイカを盗み、注意されている場面をイメージしてください。「スイカトッテはイケマセン（スイカ取ってはいけません）」「まじ（マジ）かよ？」この人反省していませんね（笑）。「打消推量ス・打消意志イ・不可能カ・打消当然トッ・不適当テは、禁止イケマセン」となります。

接続＝終止形（ラ変型活用語は連体形）

意味
①打消推量　～ないだろう
②打消意志　～しないつもりだ
③不可能　～できない　～できそうにない
④打消当然　～はずがない　～べきでない
⑤不適当　～ないのがよい　～ない方がよい
⑥禁止　～するな　～してはならない

基本形	未然形	連用形	終止形	連体形	已然形	命令形
まじ	（まじく） まじから	まじく まじかり	まじ ○	まじき まじかる	まじけれ ○	○

「まじ」＝「べし」の打消です。「べし」の公式を利用できましたね。「まじ」と「べし」は文脈判断がとくに重要な助動詞です。公式が通用しなくても、焦らないでください。そこで、入試で狙われそうな例文を「まじ」で（笑）紹介します。出題されれば、他の受験生に差をつけることができます。

打消意志

例　我が身は女なりとも、敵《かたき》の手にはかかるまじ。「平家物語」

訳　私の身はたとえ女であっても、敵の手にはかからないつもりだ。

打消当然・禁止・不適当

訳　顔むげに知るまじき童一人ばかりぞ率ておはしける。「源氏物語」

例　顔をまったく知るはずがない童一人だけを連れていらっしゃった。（打消当然）

「むげに〜打消」＝まったく〜ない

例　ここの物は、ほかへは持て行くまじ。「落窪物語」
訳　ここの物は、他へ持って行ってはならない。（禁止）
例　妻といふものこそ、男の持つまじきものなれ。「徒然草」
訳　妻というものは、男が持たない方がよいものである。（不適当）

打消推量

例　冬枯れの気色こそ、秋にはをさをさ劣るまじけれ。「徒然草」
訳　冬枯れのようすは、秋にはほとんど劣らないだろう。

「をさをさ〜打消」＝ほとんど〜ない

不可能

副詞「え」と呼応して「え～まじ」となった時の「まじ」＝不可能

例 えとどむまじければ、ただ差し仰ぎて泣きをり。「竹取物語」

訳 引き留めることができそうにないので、ただ仰ぎ見て泣いている。

㊟「え～まじ」となっていなくても「不可能」の意味をとる時も多々あります。

例 この女見では、世にあるまじき心地のしければ、～「竹取物語」

訳 この女（かぐや姫）と結婚しないでは、この世で生きていることができそうにない気持がしたので、～

「見る」は「結婚する」という意味です。「未然形＋で」＝「～ないで」と訳します。「接続助詞の公式」のところに出て来ます。「見（マ行上一段活用未然形）＋で（接続助詞）」＝「結婚しないで」

「らし」の必勝公式

根拠が大事！

「らし」はズバリ和歌で狙われる可能性が高いです。「らし」は上代（奈良時代）に主に使用されていました。中古（平安時代）になると使用頻度がすごく減ります。和歌の中で残っている程度です。

「らし」は根拠を明確にした推定です。

この川にもみぢ葉流る奥山の雪消《ゆきげ》の水ぞ今増さるらし「古今集」

この川にもみじの葉が流れている。奥山の雪が解け、水が今増しているらしい。

根拠＝「この川にもみぢ葉流る」

「この川にもみじの葉が流れている」ので、奥山の雪が解け、水が今増しているらしい。

「らし」

接続＝終止形（ラ変型活用語は連体形）［根拠を明確にした推定］

意味　推定〜らしい

基本形	未然形	連用形	終止形	連体形	已然形	命令形
らし	○	○	らし	らし	らし	○

【皆吉の合格板書　「べし」「まじ」「らし」】

「べし」と「まじ」は意味を決定するのが難しいと言われています。文脈判断を丁寧にしてください。公式＋文脈判断で「べし」と「まじ」を攻略しましょう。

「べし」

主語が一人称の時の「べし」＝意志
「と」の上の「べし」は意志
主語が二人称の時の「べし」＝当然・命令・適当
主語が三人称の時の「べし」＝推量
「べし」＋「打消」＝可能　（「べし」の下に「打消」が来ると「可能」になりやすい）
㊟「べし」＋打消＝「可能」以外の意味になることも忘れてはいけません。

「まじ」

主語が一人称の時の「まじ」＝打消意志

主語が二人称の時の「まじ」＝打消当然・禁止・不適当

主語が三人称の時の「まじ」＝打消推量

「え～まじ」となった時の「まじ」＝不可能

㊟「え～まじ」となっていなくても「不可能」の意味をとる時も多々あります。

「らし」は根拠を明確にした推定

第十一講　「まほし」「たし」「ごとし」の必勝公式

「まほし」と「たし」は意味が一緒です。希望で「〜たい」「〜てほしい」です。接続が違います。未然形＋「まほし」連用形＋「たし」と覚えましょう。

「ごとし」へ行きます。「ごとし」の意味は「比況」と「例示」です。比況は「〜のようだ」で、例示は「（例えば）〜のような」「〜など」と訳します。「ごとし」の接続に行きます。体言＋「ごとし」連体形＋「ごとし」が＋「ごとし」の＋「ごとし」となります。

「まほし」

接続＝未然形　意味　希望〜たい　〜てほしい

基本形	未然形	連用形	終止形	連体形	已然形	命令形
まほし	（まほしく） まほしから	まほしく まほしかり	まほし ○	まほしき まほしかる	まほしけれ ○	○

例　言はまほしきことも～「更級日記」

訳　言いたいことも～

「たし」

接続＝連用形　意味　希望～たい　～てほしい

基本形	未然形	連用形	終止形	連体形	已然形	命令形
たし	（たく）	たく	たし	たき	たけれ	○
	たから	たかり	○	たかる	○	

例　常に聞きたきは琵琶、和琴《わごん》。「徒然草」

訳　いつも聞きたいのは琵琶と和琴である。

「ごとし」

接続＝体言・連体形・「が」・「の」　体言＋ごとし　連体形＋ごとし　が＋ごとし　の＋ごとし

意味　①比況　～のようだ　②例示　（例えば）～のような　～など

基本形	未然形	連用形	終止形	連体形	已然形	命令形
ごとし	（ごとく）	ごとく	ごとし	ごとき	○	○

例 松島は笑ふがごとく、象潟《きさがた》は恨むがごとし。「奥の細道」

訳 松島は笑っているようで、象潟は恨んでいるようだ。

例 楊貴妃ごときは、あまりときめきすぎて悲しきことあり。「大鏡」

訳 楊貴妃などは、あまりにも寵愛を受けすぎて悲しいことがあった。
ときめく ①時流に乗って栄える。②寵愛を受ける。

断定の「たり」の必勝公式！

簡単過ぎます！

断定の助動詞「たり」の活用は、形容動詞の「タリ活用」と同じです。次は復習です。断定の助動詞「なり」は、形容動詞の「ナリ活用」と活用が同じでしたね。

断定の助動詞「たり」（ついでに断定の助動詞「なり」も載せました。再確認しましょう）

基本形	未然形	連用形	終止形	連体形	已然形	命令形
なり	なら	なり に	なり	なる	なれ	なれ
たり	たら	たり と	たり	たる	たれ	たれ

「たり」

接続＝体言　体言＋「たり」＝断定

意味　断定～である

例　清盛、嫡男たるによって、その跡を継ぐ。「平家物語」

訳　清盛は、長男であることによって、その跡を継ぐ。

「に」の必勝公式　「に」の識別

助動詞の「に」だけではありませんが一気にまとめます。一～八までを完璧に覚えれば「に」の識別に自信が持てます。

一、「連用形＋に」は完了です。この「に」は完了の助動詞「ぬ」の連用形です。

二、「に」が完了の意味となる頻出パターンもあります。「にき」・「にけり」・「にたり」・「にけむ」の「に」は完了と覚えましょう。

三、「連体形＋に〇、」は接続助詞です。「に」の下の「、」に注意しましょう。訳す時は、①順接＝「〜ので」「〜（した）ところ」「〜（する）と」②逆接＝「〜けれども」「〜のに」となります。
文脈判断してください。

四、「連体形＋に」もしくは、「体言＋に」は断定です。断定の助動詞「なり」の連用形です。断定の助動詞「なり」の連用形は「なり」の他「に」もありましたよね。そして「〜である」と訳せるかどうかも確認してください。
「に」が断定の意味となる頻出パターンもあります。

「に＋（助詞）＋ラ変動詞」・「に＋（助詞）＋候ふ」・「に＋（助詞）＋ます」「に＋（助詞）＋います」「に＋（助詞）ましますす」「に＋（助詞）＋おはす」「に＋（助詞）＋おはします」の「に」は断定です。

助詞を（　　）に入れたのは、助詞がある時とない時があるからです。

「にや」「にか」「にこそ」の「に」も断定です。

五、「連体形＋に」もしくは「体言＋に」は格助詞の時もあります。断定の公式と同じですが簡単に見分けられます。格助詞の「に」は現在と同じく「に」と訳せます。「予備校に行く」の「に」は「に」と訳せますね。古文も同じです。駿河《するが》の国に至りぬ。（訳　駿河の国に到着した。）この例文の「に」も「に」と訳せるので格助詞です。

六、「死に」「往に（去に）」の「に」はナ変動詞「死ぬ」・「往ぬ（去ぬ）」の連用形の一部です。

七、「に」の上に「いたづら」「あはれ」「か」「げ」があったら「に」は形容動詞「ナリ活用」の連用形の一部です。

八、「さらに」「すでに」「つひに」「まことに」「しきりに」「ことに」「よに」の「に」は副詞の一部です。

「に」の識別

一、 連用形＋に＝完了

二、 「にき」・「にけり」・「にたり」・「にけむ」の「に」は完了

三、 連体形＋に、＝接続助詞

①順接＝「〜ので」「〜（した）ところ」「〜（する）と」 ②逆接「〜けれども」「〜のに」と訳す。

①か②の訳かは文脈判断！

四、 連体形・体言＋に＝断定（「〜である」と訳せる時）

に＋（助詞）＋ラ変動詞の「に」＝断定

ラ変動詞＝「あり」・「をり」・「侍り」・「いまそかり（いますかり）」

に＋（助詞）＋「候ふ」の「に」＝断定

に＋（助詞）＋「ます」の「に」＝断定

に＋（助詞）＋「います」の「に」＝断定
に＋（助詞）＋「まします」の「に」＝断定
に＋（助詞）＋「おはす」の「に」＝断定
に＋（助詞）＋「おはします」の「に」＝断定

にやの「に」＝断定
にかの「に」＝断定
にこその「に」＝断定

に＋助詞＋ラ変動詞の「に」＝断定を例にあげます。

例　作り事にぞありける。「玉勝間」　に＋ぞ（係助詞）＋あり（ラ変動詞）
訳　作り事であった。

「ぞ」「なむ」「や」「か」「こそ」は係助詞です。次回の係り結びのところで詳しく説明します。

五、連体形・体言＋に＝格助詞（「に」と訳せる時）

例 駿河《するが》の国に至りぬ。「伊勢物語」

訳 駿河の国に到着した。

六、死に・往に（去に）の「に」＝ナ変動詞「死ぬ」・「往ぬ（去ぬ）」の連用形の一部

七、「に」の上に「いたづら」「あはれ」「か」「げ」があったら、「に」＝形容動詞の一部

［覚え方］ 勉強をさぼり、「いたづらばかりしている受験生のかげは、あはれだ」

例 いたづらに あはれに 静かに をかしげに

八、「さらに」「すでに」「つひに」「まことに」「しきりに」「ことに」「よに」の「に」は副詞の一部

補足

「にや」「にか」の下には「ある」もしくは「あらむ」が省略されていることがあります。

「にこそ」の下には「あれ」もしくは「あらめ」が省略されていることがあります。

例　あやし、いかにするにかあらむ。「大和物語」

訳　不思議だ、どうするのであろうか。

この例文を見ると「にか」の下に「あらむ」が来ています。これは、省略されていない例です。省略されていて、「補いなさい」と出題されることもあるので注意しましょう。

「にかあらむ」を品詞分解すると以下の通りです。

に＋か＋あら＋む

＝

断定の助動詞「なり」の連用形＋係助詞「か」

＋ラ変動詞「あり」の未然形＋推量の助動詞「む」の連体形

「に」の下の「か」は係助詞です。（「や」「か」「こそ」＝係助詞）

係助詞「か」は文末を連体形にします。（次回の係り結びのところで詳しく説明します）

【皆吉の合格板書　「まほし」「たし」「ごとし」断定の「たり」】

「まほし」「たし」

未然形＋「まほし」＝希望　～たい　～てほしい

連用形＋「たし」＝希望　～たい　～てほしい

「ごとし」

体言＋「ごとし」

連体形＋「ごとし」

が＋「ごとし」

の＋「ごとし」

①比況　～のようだ　②例示（例えば）～のような　～など

断定の「たり」

体言＋「たり」＝断定　～である

【皆吉の合格板書　「に」の識別】

「に」の識別

一、連用形＋に＝完了

二、「にき」・「にけり」・「にたり」・「にけむ」の「に」は完了

三、連体形＋に、＝接続助詞
①順接＝「～ので」「～（した）ところ」「～（する）と」
②逆接＝「～けれども」「～のに」

四、連体形・体言＋に＝断定（「～である」と訳せる時）
に＋（助詞）＋ラ変動詞の「に」＝断定
ラ変動詞＝「あり」・「をり」・「侍り」・「いまそかり（いますかり）」
に＋（助詞）＋「候ふ」の「に」＝断定
に＋（助詞）＋「ます」の「に」＝断定
に＋（助詞）＋「います」の「に」＝断定

に＋（助詞）＋「まします」の「に」＝断定
に＋（助詞）＋「おはす」の「に」＝断定
に＋（助詞）＋「おはします」の「に」＝断定
にやの「に」＝断定
にかの「に」＝断定
にこその「に」＝断定

五、連体形・体言＋に＝格助詞（「に」と訳せる時）

六、死に・往に（去に）の「に」＝ナ変動詞「死ぬ」・「往ぬ（去ぬ）」の連用形の一部

七、「に」の上に「いたづら」「あはれ」「か」「げ」があったら「に」＝形容動詞の一部
〔覚え方〕　勉強をさぼり、「いたづらばかりしている受験生のかげは、あはれだ」
例　いたづらに　あはれに　静かに　をかしげに

八、「さらに」「すでに」「つひに」「まことに」「しきりに」「ことに」「よに」の「に」は副詞の一部

古典に親しむ　一寸法師は悪者だった？　「一寸法師」

一寸法師といえば桃太郎と同じく、鬼退治をした英雄ですよね。幼い頃、絵本で読んだ人もいるかと思います。むかしむかし、子どもがいない夫婦が住吉神社に子どもが授かるようにとお祈りしました。すると、子どもを授かることができました。生まれた子どもはものすごく小さかったので一寸法師と名づけました。一寸は約三センチです。ホント小さいですよね。両親は大きくならない一寸法師を大切に育てました。一寸法師は立派な侍になるため、都を目指し旅に出ます。針の刀を腰に差し、お椀の舟で箸を櫂として川を渡ります。都につくと大臣の家に住まわせてもらうことにします。そこで、美しい姫と出会います。姫は一寸法師がお気に入りです。姫のお供で出かけた時に鬼が現れます。一寸法師は姫を守るため、勇敢に戦います。鬼に呑み込まれると、針の刀で鬼のお腹の中を突き刺し、鬼を退治します。そして鬼が忘れていった打出小槌を姫にふってもらい背が大きくなります。これが、子ども向け絵本のおおよそのストーリーです。

古文では、一寸法師は背が大きくならないため、両親に化け物扱いされます。また、姫が一寸法師を気に入るのではなく、一寸法師が姫に一目ぼれします。理由は「御かたちすぐれ候へば」です。「かたち」は「顔かたち」という意味の重要単語です。合格単語集に載せてあります。美人だからほれてしまうのです。そして姫を手に入れるため悪知恵を働かせます。姫を米泥棒にしてしまいます。姫のお父さんの宰相殿は一寸法師に娘の処置を任せます。一寸法師はうれしくてたまりません。姫を手に入れ都を出ます。その後は絵本と同じく鬼退治です。ただし、戦闘方法が違います。鬼に呑み込まれると、目から飛び出すという奇妙な戦い方をします。そして鬼退治後は打出の槌で大きくなります。ただし、小槌を自分で使い大きくなります。

絵本とはストーリーが違いますね。驚いた方もいるかもしれません。一寸法師のイメージが崩れてしまいましたか？

一寸法師がこんな性格になってしまったのは親のせいだ。背が小さいからといって化け物扱いしたから、女性を罠にかけるサイテー男に育ってしまったのだと思った人もいるかもしれません。

僕は古文の一寸法師を読んだ時、衝撃を受けました。絵本と内容が大きく違っていたからです。こういう発見は面白いです。「一寸法師」は明治学院大学の入試問題にも取り上げられています。

第三章　合格まであと一歩　その他の品詞を克服！

第十二講

係助詞の公式

「係り結び」の公式

係り結びは文末を連体形もしくは已然形にしてしまうことだと考えてください。「ぞ」「なむ」「や」「か」を係助詞と言います。これらがあると、文末は連体形になります。「こそ」も係助詞です。「こそ」は文末を已然形にします。

「ぞ」「なむ」「こそ」は強意です。訳さなくても構いません。「や」と「か」は疑問もしくは反語です。文脈判断して必ず訳してください。

係り結び

「ぞ」〜連体形　「なむ」〜連体形　「や」〜連体形　「か」〜連体形

例　よろづの遊びをぞしける。「竹取物語」

訳　あらゆる管弦の遊びをした。

例　名をばさぬきの造《みやつこ》となむ言ひける。「竹取物語」

訳　名前をさぬきの造と言った。

助動詞「けり」　接続＝連用形

意味＝①過去（伝聞過去）〜た　〜たそうだ　②詠嘆〜だなあ　〜たのだなあ

活用＝けら（未然形）・◯（連用形）・けり（終止形）・ける（連体形）・けれ（已然形）・◯（命令形）

「こそ」〜已然形

例、隆家こそいみじき骨は得てはべれ。「枕草子」

訳　隆家はすばらしい（扇の）骨を手に入れています。

ラ変動詞「はべり」
活用＝ら《未然形》・り《連用形》・り《終止形》・る《連体形》・れ《已然形》・れ《命令形》

「ぞ」「なむ」「こそ」＝強意（訳さなくてもよい）

「や」「か」＝疑問　〜か　反語　〜か、いや、〜ない

疑問か反語かは、文脈判断して決めてください。

例　「空よりや降りけん、土よりやわきけん」「徒然草」「や」＝疑問

訳　「空から降って来たのだろうか、土からわいて来たのだろうか」
や〜けん《連体形》（けむ）

例　これを待つ間、何の楽しびかあらん。「徒然草」「か」＝反語

訳　これを待つ間、何の楽しみがあるだろうか、いや、ありはしない。
か〜ん《連体形》（む）

反語「やは」「かは」の公式

「やは」「かは」となったら反語と考えましょう。(入試ではほとんど「反語」です。)

「やは」「かは」＝反語 〜か、いや、〜ない

「やは」「かは」も文末は連体形で結びます。

例 位高く、やんごとなきをしも、すぐれたる人とやはいふべき(連体形)。「徒然草」

訳 位が高く、高貴な人を、すぐれた人ということができようか、いや、できない。

㊟「やは」「かは」が文末に来る時もあります。結びの省略です。焦らず、反語と考えましょう。

接尾語「こそ」の公式

人名もしくは役職名などに「こそ」をつけて呼びかけに使用します。この時は「こそ」を「〜さん」と訳してください。

人名＋こそ　役職名＋こそ＝～さん

例　北殿こそ、聞きたまふや。「源氏物語」

訳　北殿さん、聞いていらっしゃるか。

「もぞ」「もこそ」の公式

「もぞ」は文末が連体形で「もこそ」は文末が已然形です。「もぞ～連体形」「もこそ～已然形」は大丈夫でよすね。「も」を隠せば「ぞ～連体形」「こそ～已然形」となりますからね。

「ぞ」「こそ」は訳さなくてよかったのですが、「もぞ」「もこそ」となった時は訳さなくてはなりません。「～すると困る」「～するとたいへんだ」「～するといけない」と訳します。しっかり覚えましょう。

「もぞ～連体形」「もこそ～已然形」＝～すると困る。～するとたいへんだ。～するといけない。

例　烏などもこそ見つくれ。「源氏物語」

訳　烏などが見つけたらたいへんだ。

逆接「こそ〜已然形、」の公式

「こそ〜已然形、」となった時も訳します。「、」を見逃さないでください。「こそ〜已然形、」は逆接です。「〜けれども」「〜のに」と訳します。

こそ〜已然形、＝逆接　〜けれども　〜のに

例　中垣こそあれ《已然形》、一つ家のやうなれば、望みて預かれるなり。「土佐日記」

訳　境の垣根はあるけれども、一つの家のようなので、望んで預かったのである。

「は」と「も」の公式

「は」「も」も係助詞です。ただし、文末の形を変化させる必要はありません。

難関大突破のための差がつく必勝公式です

結びの省略

パート1　に＋「や・か」　に＋「こそ」

「結びの省略」の頻出箇所を覚えてしまいましょう！

「にや」「にか」の下には「**ある**」もしくは「**あらむ**」が省略されていることが多いのです。しかし、他の候補として「**はべる**」・「**ありけむ**」なども考えられます。

「にこそ」の下には「**あれ**」もしくは「**あらめ**」が省略されていることが多いのです。しかし、こちらも他の候補が考えられます。「**はべれ**」・「**ありけめ**」などです。

結びの省略の出題パターンは以下の二つが圧倒的に多いのできちんと覚えましょう。

設問A（　　　）には1～3のいずれかが省略されている。適当なものを選択肢より選びなさい。

例　あやし、いかにするにか（　　　）。「大和物語」

訳　不思議だ、どうするのであろうか。

1、あらむ　2、あらめ　3、あれ

簡単ですね。1の「あらむ」が正解です。

設問B　下線を引いた係助詞「か」の結びはどうなっているか、結びがある場合は指摘し、結びの省略の時は「省略」、結びの消滅の時は「消滅」と記せ。

例　あやし、いかにするに**か**。「大和物語」

簡単ですね。「省略」が正解です。

パート2　と＋「ぞ・なむ・や・か」　と＋「こそ」

「とぞ」「となむ」「とや」「とか」の下には「**言ふ**」・「**聞く**」・「**思ふ**」のいずれかが省略されていることが多いのです。

「とこそ」の下には「**言へ**」・「**聞け**」・「**思へ**」のいずれかが省略されていることが多いのです。

パート1・パート2のまとめ！　しっかり覚えよう！

「にや」「にか」（ある・あらむ・はべる・ありけむ）

「にこそ」（あれ・あらめ・はべれ・ありけめ）

「とぞ」「となむ」「とや」「とか」（言ふ・聞く・思ふ）

「とこそ」（言へ・聞け・思へ）

パート3　「なむ」のくに（国）へ行こう！（笑）

結びが見当たらない場合は省略かもしれないと考えましょう。その際、に＋「や・か・こそ」と＋「ぞ・なむ・や・か・こそ」となっていることが多いです。

これらで対処できると思いますが、念のためもう少し公式を紹介します。合格するために覚えましょう。

「～くなむ」となった時は注意です。「形容詞の連用形（本活用）＋なむ」です。補助活用（カリ活用）ではありません。補助活用（カリ活用）の下は原則的に助動詞でした。覚えていますか？「補助活用（カリ活用）＋助動詞」です。「なむの上に補助活用（カリ活用）の連用形がきたら、「な」は助動詞です。完了の助動詞「ぬ」の未然形となります。「～になむ」となった時も注意です。「～くなむ」（「形容詞の連用形（本活用）＋なむ」）と「～になむ」の時に省略が起こりやすいです。「なむ」のくに（国）と覚えましょう。「省略」とは文字にしていないだけで、実際は存在しています。書かなくてもわかるから省略しているのです。

設問C　下線を引いた係助詞「なむ」の結びはどうなっているか、結びがある場合は指摘し、結びの省略の時は「省略」、結びの消滅の時は「消滅」と記せ。

例　心憂く悲しきことも多く**なむ**。「宇津保物語」「多く**なむ**」→「～く＋**なむ**」

訳　つらく悲しいことも多くございます。

簡単ですね。「省略」が正解です。

パート3のまとめ！「なむ」のくに（国）と覚えよう！

> 「〜くなむ」（「形容詞の連用形（本活用）＋なむ」「〜になむ」の時は省略に注意！

結びの消滅（消去、流れ）

結びとなるべきところの下に接続助詞が来て、係り結びの成立を阻止します。結びは接続助詞に引っ張られ消滅してしまいます。「消滅　消去　流れ」は表記が違うだけで意味は同じです。

例　たとえ耳鼻こそ切れ失すとも、命ばかりはなどか生きざらん。「徒然草」

訳　たとえ耳や鼻は切れてなくなっても、命だけはどうして助からないことがあろうか、いや、助かるはずだ。

「こそ」の結びは已然形です。本来は「こそ〜切れ失すれ《已然形》」となります。しかし、接続助詞「とも」が来たために結び「切れ失すれ」が消滅し、「切れ失す」と終止形に変化しました。第十三講で詳しく説明しますが、「とも」の上は終止形です。

「結びの省略」は文字にしてないだけで、実際は存在しています。書かなくてもわかるから省略します。「結びの消滅」は「結び」が存在しなくなります。消去され、流れてしまいます。「省略」と「消滅」の違いをきちんと覚えましょう。

主な接続助詞は「とも」「ども」「て」「ば」「に」などです。例えば「て」の上なら連用形となります。

差がつく係り結びの法則

係り結びは地の文は地の文中、会話文は会話文中で成立します。

例 かの大納言ぞ「我なむいとうれしき」とのたまひける。

訳 あの大納言は「私はとてもうれしい」とおっしゃった。

「地の文は地の文中、会話文は会話文中」さあこの公式に当てはめましょう。「ぞ」の結びは「うれしき」ではありませんね。地の文は地の文中です。よって「ぞ」の結びは「ける」です。会話文は会話文中です。よって「なむ」の結びは「うれしき」となります。

「ぞ～ける《連体形》」「なむ～うれしき《連体形》」

㊟　地の文は「　　　」の外の文です。会話文は「　　　」の中の文です。

超ハイレベル「係り結び」

設問（　　　）には1～3のいずれかの係助詞が入る。適当なものを選択肢より一つ選びなさい。

男「花（　　　）咲きたる」と言ひける。

1、こそ　2、ぞ　3、なむ

1は「已然形」がないので、答えではありません。「こそ～已然形」でしたね。

2と3は結びが連体形です。「たる」は連体形です。「ぞ～連体形」「なむ～連体形」でした。

両方とも正解にしたいのですが、どちらか選ばなくてはなりません。

係助詞の「ぞ」と「なむ」で迷った時＝会話文なら「なむ」を入れる

と覚えてください。

この公式により、答えは3です。「なむ」が入ります。「なむ～たる《連体形》」の係り結びです。

「ぞ」「なむ」「こそ」は強意でしたね。訳す必要はありません。しかし、それぞれ強意の程度が違います。三つの中で最も強いのが「こそ」です。次が「ぞ」、そして最も弱いのが「なむ」です。「なむ」は話し言葉としての性格が強く、平安時代の女流文学で、会話文に多く使われました。そうした背景があるのです。結びが連体形になっていて「ぞ」「なむ」のいずれかを入れよと設問に出たら、解けない生徒のほうが多いと思います。出題されればラッキーですね。超ハイレベルですが、公式を覚えてください。

第十三講

副助詞の公式

副助詞「だに」の公式

副助詞の「だに」は「最小限の希望」と「類推」があります。

「最小限の希望」が「せめて～だけでも」で「類推」は「さえ」と訳します。

それでは「最小限の希望」から見て行きましょう。「だに」の後ろに「願望」「意志」「命令」「仮定」があったら「最小限の希望」だと考えましょう。「せめて～だけでも」と訳します。ということは「だに」の後ろに「願望」「意志」「命令」「仮定」がなかったら、類推と考えることもできますよね。ただし、文脈判断及び類推の公式も覚えてください。まずは、「だに」が「最小限の希望」の時の例を見て行きましょう。その前に終助詞「ばや」を覚えてください。未然形＋「ばや」＝願望の終助詞です。「～したい」と訳します。例文は「だに～ばや」となっています。「だに」の後に願望の終助詞「ばや」があるので「だに」は最小限の希望となります。

「最小限の希望」は「最小限の限定」もしくは「限定」と表記されることもあるので注意しましょう。これらは同じ意味です。

例　夢をだに見ばや。「源氏物語」
訳　せめて夢だけでも見たい。

今度は、類推の「だに」を説明します。類推の「だに」が出たら「まして（まいて）」を探しましょう。程度の軽いものをあげて、「まして（まいて）」の後で程度の重いものを類推させます。ただし、「まして（まいて）＋程度の重いもの〜」の部分を省略している場合も多いです。もう一つ覚えてください。「類推」の「だに」の時は下に「打消」を伴うことがよくあります。「だに〜打消」これも目安になります。

「類推」の「だに」
程度の軽いもの＋「だに」〜「まして（まいて）」＋程度の重いもの

僕は数学が大の苦手です。中学校の通知表はアヒルさんでした（笑）。つまり、5段階評価で「2」でした。「3」を取ったことはありませんでした。他の教科も、アヒルさんでした（笑）。定時制高校中退の中卒からのスタートでしたから受験勉強はたいへんでした。僕はおそらく、みなさんより数学が出来ません。そんな僕が二次方程式を理解していたとします。そこに、数学が得意な現役高校生のAさんがやって来ました。Aさんは言います。「数学が苦手な皆吉先生でさえ二次方程式を理解している。まして数学が得意な私なら絶対に理解できる」このような感じで使用します。それでは古文の例を見て行きましょう。

例　今日だに言ひがたし。まして後にはいかならむ。「土佐日記」
訳　今日でさえ言いにくい。まして後日となったらどうだろうか（さらに言いにくい）。

例　光やあると見るに、蛍ばかりの光だに**なし**。「竹取物語」
訳　光があるかと見るけれども、蛍ほどの光さえない。

副助詞「すら」の公式

副助詞の「すら」＝類推「さえ」と訳します。

例　言問はぬ木すら妹《いも》と兄《せ》とありといふをただ独り子にあるが苦しさ「万葉集」
訳　ものを言わない木でさえ妹と兄があるというのに、（私は）ただ一人っ子であるのがつらいことだ。

副助詞「さへ」の公式

副助詞の「さへ」＝添加「〜までも」と訳します。

例　雨風、岩も動くばかり降りふぶきて、神さへ鳴りてとどろくに〜「更級日記」

訳　雨や風が岩も動くほど降りふぶいて、雷までも鳴ってとどろくので〜

副助詞「し」「しも」の公式

副助詞の「し」「しも」は強意です。訳さなくても構いません。

「し」もしくは「しも」を外して意味が通れば「し」「しも」は強意となります。

「し」「しも」をカッコに入れる。もしくは指で隠して考えましょう。

補足　副助詞「し」に係助詞「も」がくっついて「しも」となったのです。

副助詞の「し」＝強意（訳さなくても構いません）

見分け方は「し」をはずして意味が通れば「し」＝強意。

例　雨交じり雪降る夜はすべもなく寒くしあれば〜「万葉集」
訳　雨に交じり、雪が降る夜は、どうしようもなく寒いので〜

寒くしあれば↓寒く（し）あれば↓寒くあれば
↓「し」を外しても意味が通るので「し」は強意です。

「し」の識別

「し」は識別問題が狙われます。

①サ変動詞の連用形＝し

例　男もすなる日記といふものを女もしてみむとてするなり。「土佐日記」
訳　男も書く（する）という日記というものを女も書い（し）てみようと思って書く（する）のである。

②過去の助動詞「き」の連体形＝し

例　京より下りし時に、皆人子どももなかりき。「土佐日記」

訳　都から下った時には、誰も子どもがいなかった。

③形容詞の一部（活用語尾）＝し

例　人の名につきたる、いとうとまし。「枕草子」

訳　人の名についているのは、とても嫌だ。

④副助詞＝し

例　雨交じり雪降る夜はすべもなく寒くしあれば〜「万葉集」

訳　雨に交じり、雪が降る夜は、どうしようもなく寒いので〜

①「し」を「する」と訳せたらサ変動詞の連用形です。「女もする」と訳せます。②「し」の下に体言（名詞）があれば、過去の助動詞「き」の連体形です。「時」は体言（名詞）です。③形容詞の終止形は「し」でしたね。「うとまし」の「し」は形容詞の一部（活用語尾）です。④「し」を外しても意味が通じれば強意の副助詞です。「寒くしあれば↓寒く（し）あれば↓寒くあれば」「し」を外しても意味が通じます。

接続助詞の公式

接続助詞「ば」の公式

「ば」の上は未然形もしくは已然形です。

未然形＋ば＝順接仮定条件　（もし）～ならば

例　用ありて行きたりとも、そのこと果てなば《未然形》、とく帰るべし。「徒然草」

訳　用事があって行ったとしても、そのことが終わってしまったならば、はやく帰るのがよい。

な（未然形）＋ば

「な」は完了の助動詞「ぬ」の未然形です。

已然形＋ば＝順接確定条件　～ので（～から）　～（した）ところ　～（する）と

例　京には見えぬ鳥なれば《已然形》、皆人見知らず。「伊勢物語」

訳　都では見かけない鳥であるので、その場にいる人は全員見てもわからない。

なれ（已然形）＋ば

例　それを見れ《已然形》ば、三寸ばかりなる人、いとうつくしうてゐたり。「竹取物語」

訳　それを見ると、三寸ぐらいの人が、とてもかわいらしい様子で座っていた。

見れ（已然形）＋ば

接続助詞「ど」「ども」の公式

「ど」「ども」の上は已然形です。

已然形＋「ど」　已然形＋「ども」＝逆接確定条件　～けれども　～のに

例　目にはさやかに見えね《已然形》ども風の音に～「古今集」

訳　目にははっきりと見えないけれども、風の音で～

ね（已然形）＋ども

「ね」は打消の助動詞「ず」の已然形です。

接続助詞「と」・「とも」の公式

「と」「とも」の上は終止形です。

㊟　形容詞型活用語は連用形接続です。

終止形＋「と」　終止形＋「とも」＝逆接仮定条件（たとえ）〜としても　（たとえ）〜ても

例　千年を過ぐす《終止形》とも、〜　「徒然草」

訳　たとえ千年を過ごすとしても、〜

過ぐす（終止形）＋とも

「過ぐす」はサ行四段活用の終止形です。

接続助詞「で」の公式

「で」の上は未然形です。

未然形＋で　～ないで

例　雨降ら《未然形》で～

訳　雨が降らないで～

「で」はどうして「打消」の意味を持つのか？
「で」はもとは「ずて」だったと考えられています。
打消の助動詞「ず」＋接続助詞「て」＝「ずて」
この「ずて」が変化して「で」が生まれたのです。
だから「打消」の意味を持っているのです。

接続助詞「て」の公式

「て」の上は連用形です。

連用形＋て　～て

例　いと暗くなり《連用形》て、三条の宮の西なる所に着きぬ。「更級日記」

訳　とても暗くなって、三条の宮の西にある所に着いた。

「て」＝単純接続（前後を単純につないでいる）

接続助詞「ながら」の公式

連用形＋「ながら」　①〜ながら　〜つつ　②〜けれども　〜のに

①　例　食ひながら文をも読みけり。「徒然草」
　　訳　食べながら書物をも読んだ。

②　例　もとの品《しな》高く生まれながら、身は沈み〜「源氏物語」
　　訳　もともと高貴な家に生まれているけれども、身は落ちぶれ〜

体言（名詞）＋「ながら」①〜のままで。〜全部。

例　旅の御姿ながらおはしたり。「竹取物語」
訳　旅のお姿のままでいらっしゃった。

接続助詞「つつ」の公式

「つつ」の上は連用形です。

①反復 ～ては ②継続 ～し続けて ③同時並行（二つの動作が同時に行われること）～ながら

「反復」

例 野山にまじりて竹を取りつつ、よろづのことに使ひけり。「竹取物語」

訳 野山に分け入って竹を取っては、いろいろなことに使っていた。

「継続」

例 女はこの男をと思ひつつ、親のあはすれども、聞かでなむありける。「伊勢物語」

訳 女はこの男をと思い続けて、親が、（別の男と）結婚させようとするけれども、聞き入れないでいた。

「同時並行」

例　水の上に遊びつつ魚を食ふ。「伊勢物語」

訳　（鳥が）水の上で遊びながら魚を食べる。

接続助詞「ものを」「ものから」「ものの」「ものゆゑ」の公式

「ものを」「ものから」「ものの」「ものゆゑ」の上は連体形です。

意味は逆接と順接です。区別は文脈判断です。しかし、入試では逆接のほうが重要です。

㊟一　「ものの」は逆接のみで順接はありません。

㊟二　「ものを」が文末に使用された時は終助詞で詠嘆となります。

①「～のになあ」②「～だなあ」と訳します！

連体形＋「ものを」「ものから」「ものの」「ものゆゑ」

逆接確定条件＝①～けれども　～のに　順接確定条件＝原因・理由　②～ので　～だから

㊟　「ものの」は逆接のみ！

「逆接」

例 月は有明にて光をさまれるものから、影さやかに見えて、なかなかをかしきあけぼのなり。「源氏物語」

訳 月は有り明けの月で光が薄らいでいるけれども、形がはっきり見えて、かえって趣き深い明け方である。

「順接」

例 ことゆかぬものゆゑ、大納言をそしり合ひたり。「竹取物語」

訳 納得がゆかないので、大納言を非難し合っている。

「ものを」が文末＝詠嘆 ①～のになあ ②～だなあ

例 雀《すずめ》の子を犬君が逃がしつる。伏籠《ふせご》の中に籠《こ》めたりつるものを。「源氏物語」

訳 雀の子を犬君が逃がしてしまった。伏籠の中に閉じ込めておいたのになあ。

㊟ 文末の「ものを」は「終助詞」です。

第十四講

格助詞の公式

格助詞「の」の公式

助詞の中でも毎年出される格助詞「の」を攻略しましょう。

5つの意味と用法を覚えれば大丈夫です。僕の本を使い勉強している読者のみなさんに、志望校へ合格してほしいと願っています。合格という桜を咲かせましょう。説明に入ります。一、「桜の咲く」この「の」は主格です。「桜が咲く」と訳せますね。主語を示します。「～が」と訳します。さらに、「桜の咲く」をよく見ると「の」の下に「咲く」という動詞があります。主格の時は「の」の下に用言が来るということも覚えましょう。用言とは「動詞・形容詞・形容動詞」でしたね。復習ですよ。「主語と述語」の関係は必ず確認してください。「桜の咲く」を訳すと「桜が咲く」でした。「～が～する」となっています。主語と述語の関係が成立していますね。主語を示す「の」＝主格です。次は連体修飾格の「の」です。連体格と出ても同じです。「の」の下には体言（名詞）が来ます。「の」＋体言＝連体修飾格です。「～の」と訳します。「桜の花」って現在でも言うでしょ！「～のように」「～のような」と訳すことができる「の」

は連用修飾格です。連用格と出ても同じです。例の＋用言となった時の「の」も連用修飾格です。「例の＋用言」は重要単語です。訳は「いつものように」です。しっかり覚えましょう。例の＋用言はよく出るので暗記してください。連用修飾格（連用格）は比喩と表記されることもあるので注意してください。準体格は、質問者Aさんと回答者皆吉の会話で説明します。Aさんが「この携帯電話誰のですか?」と尋ねました。すると、皆吉は「私のである（私のものである）」と答えました。少し偉そうです（笑）。「私のものである」を古文に翻訳すると、「我のなり」です。準体格の時は「の」の下に断定の助動詞「なり」を伴うことが多いのです。「～のもの」と訳します。もう一つ重要なテクニックを教えます。準体格の時は「の」の下に助詞がある時も多いのです。

準体格の「の」公式は以下の通りです。「の」＋「断定の助動詞「なり」」＝準体格。「の」＋助詞＝準体格。最後は同格です。これが入試最頻出の「の」です。「～で」と訳します。まず、「体言（名詞）＋の」となっているか確認してください。次に、その下を見て行き連体形を探します。つまり、「体言（名詞）＋の～連体形」となっていたら、同格ではないかと疑ってください。そして「の」の上の体言を連体形の下に入れて訳します。きちんと訳せたら「の」は同格となります。「体言（名詞）＋の～連体形（上の体言を入れる）」＝訳してみて、日本語として意味が成立すれば同格です。成立しなければ同格ではありません。他の候補を考えてください。

格助詞

「の」の公式

一、主格「〜が」と訳す。　主語と述語の関係を必ず確認する。主語を示す「の」＝主格　「の」＋用言

例　冬はつとめて。雪の降りたるはいふべきにもあらず。「枕草子」

訳　冬は早朝。雪が降っているのは言うまでもない。

二、連体修飾格「〜の」と訳す。　「の」＋体言（名詞）

例　月の都の人なり。「竹取物語」

訳　月の都の人である。

三、連用修飾格（比喩）「〜のように」「〜のような」と訳す。「例の」＋用言＝「いつものように」

例　例の集まりぬ。「竹取物語」　例の＋用言　①いつものように。

訳　いつものように集まった。

例　あしひきの山鳥の尾のしだり尾の長々し夜をひとりかも寝む「拾遺集」

訳　山鳥の垂れた下がった長い尾のように長い長い夜をひとりで（寂しく）寝るのだろうかなあ。

「の」＝のように

例　清らなる玉の男皇子《をのこみこ》さへ生まれ給ひぬ。「源氏物語」

訳　清らかで美しい玉のような皇子までもお生まれになった。

㊟　連体修飾格ではありません。例文の「玉の」の「の」は連用修飾格（比喩）です。合格単語集に「たま（玉）」が載っています。意味は「美しいもののたとえ」です。したがって比喩です。

四、準体格「～のもの」と訳す。　「の」＋断定の助動詞「なり」　「の」＋助詞

例　我のなり。

訳　私のものである。

例　この国の博士どもの書ける物も、いにしへのは、あはれなること多かり。「徒然草」

訳　この国の学者たちの書いた物も、昔のものは、情趣があるものが多い。

五、同格「～で」と訳す。公式に当てはめて意味が成立すれば同格。

体言＋の～連体形（上の体言を入れる）

例　いと清げなる僧の、黄なる地の袈裟《けさ》着**たる**（連体形）が来て、「更級日記」

訳　とても美しい僧で、黄色い地の袈裟を着た者がやって来て、

公式に当てはめる。↓いと清げなる僧の、黄なる地の袈裟《けさ》着たる（僧）が来て、↓

とても美しい僧で、黄色い地の袈裟を着た（僧）がやって来て、↓意味が成立。↓同格↓

訳　とても美しい僧で、黄色い地の袈裟を着た者がやって来て、

格助詞「より」の公式

「より」に行きます。①～⑤まであります。①の起点と⑤の比較は現代でも使っているので問題ないですよね！　②は経由です。「～を通って」と訳します。しっかり覚えましょう。③は方法・手段です。「～で」と訳します。とくに「徒歩《かち》より」「馬より」はよく問われます。「徒歩で」「馬で」と訳します。「徒歩より」は読みも重要です。「かちより」と読みます。④は設問となる可能性が「より」の中でナンバー1と言っても過言ではありません。即時です。「～するとすぐに」「～するやいなや」と訳します。英語だと'as soon as ～'ですね（笑）。即時の「より」は、「動詞の連体形＋より」となっている時が多いです。

「より」の識別

①　起点～から
例　暁より雨降れば、同じ所に泊まれり。「土佐日記」
訳　夜明り前から雨が降るので、同じ所に泊まっている。

②　経由～を通って
例　水底《みなそこ》の月の上より漕ぐ船のさをにさはるは～「土佐日記」
訳　水の底に映っている月の上を通って漕ぐ船の棹にさわるのは～

③　方法・手段～で
例　他夫《ひとづま》の馬より行くに己夫《おのづま》し徒歩《かち》より行けば～「万葉集」
訳　他人の夫が馬で行くのに、自分の夫は徒歩で行くので～

④　即時～するとすぐに　～するやいなや　㊟「動詞の連体形＋より」
例　名を聞くより、やがて面影は推し量らるる心地するを～「徒然草」
訳　名を聞くやいなや、すぐに顔つきが自然と推量される感じがするのに～

⑤　比較～より　～よりも
例　その人、かたちより心なむ勝りたりける。「伊勢物語」
訳　その人は顔かたちより心が優れていた。

終助詞の公式パート1

「なむ」の識別公式

一、終助詞の「なむ」は願望で「～してほしい」と訳します。この時、「なむ」の上は未然形です。

未然形＋「なむ」＝願望の終助詞です。

二、「なむ」の上が連用形だったら、強意（確述）＋推量で「きっと～（だろう）」と訳します。「な」＝強意で「む」は推量などです。思い出しましたか？助動詞「つ」「ぬ」のところで説明しましたよね。

完了の助動詞「ぬ」の未然形＋推量の助動詞「む」となります。

形容詞の連用形の時は注意してください。「な」が、完了の助動詞「ぬ」の未然形となる場合は、「～かりなむ」の時です。「補助活用（カリ活用）＋助動詞」でしたね。

「～くなむ」は「形容詞の連用形（本活用）＋なむ」でした。つまり、こちらは係助詞の「なむ」です。

三、「死なむ」「往なむ」「去なむ」と出たら、ナ変を思い出しましょう。

「死な＋む」「往な＋む」「去な＋む」となります。ナ変動詞の未然形＋推量の助動詞「む」です。

だから、例えば「死なむ」の「なむ」はナ変動詞の未然形活用語尾＋推量の助動詞「む」となります。

四、係助詞の「なむ」は係り結びが一番大事です。「なむ～連体形」となります。この「なむ」は強意でしたね。「結びの省略」もありますから注意しましょう。

「なむ」の識別

一、未然形＋なむ＝願望の終助詞　～してほしい

例　桜咲かなむ。

訳　桜が咲いてほしい。

二、連用形＋なむ＝強意＋推量の助動詞「む」＝きっと～（だろう）

「な」＝強意・「む」＝推量など。

例　桜咲きなむ。

訳　きっと《（強意）》桜が咲くだろう。

三、「死」「往」「去」＋なむ＝ナ変動詞の未然形活用語尾＋推量の助動詞「む」

㊟　ナ行変格活用を思い出すこと。

四、係助詞の「なむ」＝強意

㊟　係り結びに注意！　「なむ（係助詞）〜連体形」「結びの省略」にも注意！

例　桜なむ咲きたる。

訳　桜が咲いている。

終助詞「ばや」の公式

「なむ」との違いに注意ー

終助詞の「ばや」は願望で「〜したい」と訳します。つまり、自己願望です。「ばや」の上は未然形です。未然形＋「ばや」が「〜したい」といった自己願望であるのに対して、未然形＋「なむ」は「〜してほしい」と他者への願望となります。この区別はとても大事です。

「ばや」・「なむ」

未然形＋ばや＝自己願望　〜したい（主語＝私）

未然形＋なむ＝他者への願望　〜してほしい

終助詞「てしがな」「にしがな」「てしが」「にしが」の公式

連用形に接続します。

連用形＋「てしがな」・「にしがな」・「てしが」・「にしが」＝自己願望

～したいものだ　～したいものだなあ

例　いかでこのかぐや姫を得てしがな、見てしがな。「竹取物語」

訳　なんとかしてこのかぐや姫を手に入れたいものだなあ、結婚したいものだなあ。

例　伊勢の海に遊ぶ海人《あま》ともなりにしが波かき分けて～「後撰集」

訳　伊勢の海に遊ぶ海人にでもなりたいものだ。波をかき分けて～

副詞「いかで」の公式

「いかで」は副詞です。①「いかで〜推量」の時は疑問もしくは反語と考え、「いかで」を「どうして」と訳します。②「いかで〜願望」「いかで〜意志」の時は「なんとかして」と訳します。連語「いかでか」となっても同じです。文脈判断も忘れずにしてください。

①「いかで（いかでか）〜推量」＝どうして〜
②「いかで（いかでか）〜願望・意志」＝なんとかして〜

① 例 いかで月を見ではあら**む**。「竹取物語」「いかで〜む」「む」は推量です。
訳 どうして月を見ないでいられるだろうか、いや、いられない。「反語」
㊟「む」は意志の時もあります。

② 例 いかでこのかぐや姫を得**てしがな**、〜「竹取物語」「いかで〜てしがな」「てしがな」は願望です。
訳 なんとかしてこのかぐや姫を手に入れたいものだなあ、〜

てしがな　自己願望　〜したいものだ　〜したいものだなあ

終助詞の公式パート2

終助詞「がな」「もが」「もがな」「もがも」の公式

「がな」「もが」「もがな」「もがも」 〜があればいいなあ

例 あっぱれ、よからう敵《かたき》がな。「平家物語」

訳 ああ、よい敵がいればいいなあ。

例 心あらん友もがな。「徒然草」

訳 情趣を解するような友がいればなあ。

終助詞「かな」「かも」の公式

「かな」「かも」

詠嘆の終助詞 〜だなあ 〜ことよ

例　限りなく遠くも来にけるかな。「伊勢物語」
訳　この上なく遠くまで来てしまったなあ。

接続も覚えよう！

体言＋かな	連体形＋かな	体言＋かも	連体形＋かも

終助詞「かし」「ぞかし」の公式

「かし」　念を押す終助詞　～よ　～ね

例　いま一度起こせかし。「宇治拾遺物語」
訳　もう一度起こせよ。

「ぞかし」強く念を押し、断定する気持ちを表す。　～であるよ　～だぞ

例　神ぞかし。「土佐日記」
訳　神であるよ。

「頻出構文」を覚えよう！

禁止の構文

「な～そ」　禁止　～するな　～してはいけない　～しないでくれ

例　な射《い》そ。「大鏡」

訳　射るな。

「ゆめ～な」「ゆめゆめ～な」「あなかしこ～な」「かまへて～な」

（強い）禁止　決して～するな

例　あなかしこ、開けたまふな。「俊頼髄脳」

訳　決して、お開けになるな。

全否定の構文

「さらに〜打消」「あへて〜打消」「たえて〜打消」「かけて〜打消」「おほかた〜打消」
「つやつや〜打消」「つゆ〜打消」「ゆめ〜打消」「ゆめゆめ〜打消」「よに〜打消」
まったく〜ない　少しも〜ない

例　さらに矢の跡なし。「古今著聞集」
訳　まったく矢の跡はない。

不可能の構文

「え〜打消」　〜できない

例　え見つけず。「更級日記」
訳　見つけることができない。

「いつしか **〜願望**」の構文も狙われる！

いつしか【何時しか】　①早く。②いつの間にか。
①の時は下に「願望」が来る時が多いです。「願望」が来ていたら①の意味を当てはめてみましょう。「いつしか〜願望」

例　いつしか梅咲かなむ。「更級日記」　未然形＋なむ＝他者への願望
訳　早く梅が咲いてほしい。

入試頻出構文集　ベスト8

一、「さだめて〜推量」「さだめて〜打消」

さだめて　①きっと。必ず。

「さだめて（定めて）」は「きっと」「必ず」と訳す副詞です。ただし、下に「推量」「打消」が来た時は注意してください。

「さだめて〜推量」　きっと〜だろう。

「さだめて〜打消」　決して〜ない。

二、「いと〜打消」

いと　①とても。たいそう。非常に。

「いと」は「とても」「たいそう」「非常に」と訳す副詞です。ただし、下に「打消」が来た時は注意してください。

「いと〜打消」　たいして〜ない。　それほど〜ない。

三、「むげに〜打消」

むげに【無下に】　①むやみに。ひどく。

「むげに」は「むやみに」「ひどく」と訳す副詞です。ただし、下に「打消」が来た時は注意してください。

「むげに〜打消」　まったく〜ない。

四、「よも〜じ」

よも ①まさか。

「よも」は副詞です。下に打消推量の助動詞「じ」を伴って使用することが多いです。

「よも〜じ」 まさか〜ないだろう。

五、「さながら〜ごとし」

さながら【然ながら】①そのまま。②全部。すべて。

「さながら」は「そのまま」「全部」「すべて」と訳す副詞です。ただし、下に「ごとし」が来た時は注意してください。

「さながら〜ごとし」 まるで〜ようだ。

六、「をさをさ〜打消」ほとんど〜ない。めったに〜ない。

七、「さしも〜打消」　それほど〜ない。たいして〜ない。

八、「たとひ〜とも」　たとえ〜しても。仮に〜しても。

接続詞の公式

読解や空所補充問題で困らないための頻出接続詞

順接

「さらば（然らば）」①それならば。

「しからば（然らば）」①それならば。

「かかれば（斯かれば）」①だから。

「されば（然れば）」①だから。

「しかれば（然れば）」①だから。

逆接

「さりとて（然りとて）」①そうかといって。だからといって。

「さりとも（然りとも）」①そうはいっても。

「さるは（然るは）」①そうではあるが。そうはいうものの。②それというのは。③その上。

㊟ 平安時代は逆接の用例が多いです。入試では①の逆接の意味が重要！ ②、③は順接。

「さりながら（然りながら）」①しかしながら。そうではあるが。

「しかれども（然れども）」①しかしながら。そうではあるが。

「されど（然れど）」①しかし。そうではあるが。

「されども（然れども）」①しかし。そうではあるが。

「しかるに（然るに）」①ところが。そうであるのに。

いっしょにがんばろうね！

助動詞の活用表

接続	基本形	未然形	連用形	終止形	連体形	已然形	命令形	活用型	意味
未然形	る	れ	れ	る	るる	るれ	れよ	下二段型	①自発（自然と〜れる・〜ないではいられない）②可能（〜できる）③尊敬（〜なさる・お〜になる）④受身（〜れる・〜られる・〜される）
	らる	られ	られ	らる	らるる	らるれ	られよ		
	す	せ	せ	す	する	すれ	せよ		①使役（〜せる・〜させる）②尊敬（〜なさる・お〜になる）
	さす	させ	させ	さす	さする	さすれ	させよ		
	しむ	しめ	しめ	しむ	しむる	しむれ	しめよ		
	ず	（ず）ざら	ず ざり	ず ○	ぬ ざる	ね ざれ	○ ざれ	特殊型	①打消（〜ない）
	じ	○	○	じ	じ	じ	○	無変化型	①打消推量（〜ないだろう）②打消意志（〜ないつもりだ）
	む（ん）	○	○	む（ん）	む（ん）	め	○	四段型	①推量（〜だろう）②意志（〜しよう）③仮定（〜ならば）④婉曲（〜ような）⑤適当（〜するのがよい 〜する方がよい）⑥勧誘（〜したらどうか・〜しませんか）
	むず（んず）	○	○	むず（んず）	むずる（んずる）	むずれ（んずれ）	○	サ変型	
	まし	ましか ませ	○	まし	まし	ましか	○	特殊型	①反実仮想（もし〜だったら 〜だろうに）②ためらいの意志（〜しようかしら）③不可能な希望（〜だったらよかったのに）
	まほし	（まほしく）まほしから	まほしく まほしかり	まほし ○	まほしき まほしかる	まほしけれ ○	○	形容詞型	①希望（〜たい・〜てほしい）
連用形	き	（せ）	○	き	し	しか	○	特殊型	①過去（〜た）
	けり	（けら）	○	けり	ける	けれ	○	ラ変型	①過去（〜た・〜たそうだ）②詠嘆（〜だなあ・〜たのだなあ）
	つ	て	て	つ	つる	つれ	てよ	下二段型	①完了（〜た・〜てしまった）②強意（きっと〜・確かに〜・まさに〜）③並列（〜たり 〜たり）
	ぬ	な	に	ぬ	ぬる	ぬれ	ね	ナ変型	

	けむ（けん）	○	○	けむ（けん）	けむ（けん）	けめ	○	四段型	①過去推量（～ただろう）②過去の原因推量〔どうして〕～たのだろう・〔～なので〕～たのだろう ③過去の婉曲・伝聞（～たような・～たとかいう）
	たり	たら	たり	たり	たる	たれ	たれ	ラ変型	①完了（～た・～てしまった）②存続（～ている・～てある）
	たし	（たく）たから	たく たかり	たし ○	たき たかる	たけれ ○	○	形容詞型	①希望（～たい・～てほしい）
終止型（ラ変型活用語には連体形に付く）	**らし**	○	○	らし	らし	らし	○	無変化型	①推定（～らしい）
	べし	（べく）べから	べく べかり	べし ○	べき べかる	べけれ ○	○	形容詞型	①推量（～だろう）②意志（～しよう）③可能（～できる）④当然（～はずだ・～べきだ）⑤命令（～しなさい）⑥適当（～するのがよい・～する方がよい）
	まじ	（まじく）まじから	まじく まじかり	まじ ○	まじき まじかる	まじけれ ○	○		①打消推量（～ないだろう）②打消意志（～しないつもりだ）③不可能（～できない・～できそうにない）④打消当然（～はずがない・～べきでない）⑤不適当（～ないのがよい・～ない方がよい）⑥禁止（～するな・～してはならない）
	らむ（らん）	○	○	らむ（らん）	らむ（らん）	らめ	○	四段型	①現在推量（今ごろは～ているだろう・～ているだろう）②原因推量〔どうして〕～なのだろう・〔～なので〕～だろう ③婉曲・伝聞（～ような・～とかいう）
	めり	○	めり	めり	める	めれ	○	ラ変型	①推定（～ように見える・～ようだ）②婉曲（～ように思われる・～ようだ）
	なり	○	なり	なり	なる	なれ	○		①伝聞（～だそうだ・～という）②推定（～ようだ・～らしい）
体言・連体形	**なり**	なら	なり に	なり	なる	なれ	なれ	形容動詞型	①断定（～である）②存在（～にある・～にいる）
体言	**たり**	たら	たり と	たり	たる	たれ	たれ		①断定（～である）
体言・連体形・助詞（が・の）	**ごとし**	（ごとく）	ごとく	ごとし	ごとき	○	○	形容詞型	①比況（～のようだ）②例示（～のような・～など）
サ変の未然形 四段の已然形	**り**	ら	り	り	る	れ	れ	ラ変型	①完了（～た・～てしまった）②存続（～ている・～てある）

あとがき

お疲れ様でした！　最後まで付いて来てくれてありがとう！　これで、古典文法に相当自信が持てたと思います。高校生や浪人生が最も苦手とする古典文法を制覇しました。合格単語集523《ごーにーさん》もマスターしましょう！　これで文法と単語は鬼に金棒です。次は読解公式をマスターしましょう。そうすれば、古文がスラスラ読めます。今回学習した文法は読解に大きく役立ちます。古典文法は単に文法問題を解くためだけのものではありません。古文を読むための公式なのです。文法公式＋読解公式＋古文単語で受験古文の80パーセントを占めていると僕は考えます。残りの20パーセントは敬語、和歌の修辞、古典常識です。この三つは覚えることがそれ程多くありません。古典常識を本格的に研究したら、大学4年間では終わりません。でも、入試に必要な古典常識となると話は別です。ものすごく少なくて済みます。漢字を読ませる問題も、頻出なものだけ覚えれば対応できます。古文単語は英単語に比べると覚える量がものすごく少ないです。だから、頑張って合格単語集523《ごーにーさん》を暗記してください。

志望校に合格したら、ぜひとも、多くの古典文学作品を読んでください。そして作品を好きになってください。また、作品を嫌いになってください。えっ？　嫌いになって良いのですか？　もちろんです。

みなさんも、好きな本や嫌いな本がありますよね。例えば、この本は面白そうだと思って読んでみたけれども、つまらなかった。そんな経験があるはずです。僕もあります。現代小説でも古典文学作品でも漫画でも読んでみて、つまらなかったと思うことがあります。本から得る感想も読み手によって異なります。それで良いのです。だから読書は面白いのです。ただし、「読める」「読めない」といった差は大きいです。「読める」からこそ作品を心から好きになったり、嫌いになったりできるのです。読まないで嫌いと決めつけるのはもったいないです。古文を読むための技術を身につけ、大学生、社会人になっても多くの古典文学作品に触れてください。

本書は必ず受験生の力になるはずです。今の成績がどん底でも大丈夫です。努力することで人間は大きく成長できるのです。志望校合格という大きな夢を手に入れるべく一緒に頑張ろう！

スペシャル付録

合格単語集 523《ごーにーさん》（基礎編 406《よろこぶ》＋発展編 117《いいな》）

合格まであと少し！

合格するための重要単語を贈ります！　特に重要な訳語は赤色で示しました。

品詞及び活用の種類その他は以下の通り略しました。
名＝名詞　感＝感動詞　代名詞＝代　副詞＝副　連体詞＝連体　連語＝連　形容詞ク活用＝形ク　形容詞シク活用＝形シク
形容動詞ナリ活用＝形動ナリ　形容動詞タリ活用＝形動タリ　副助詞＝副助　慣用句＝慣用　接尾語＝接尾
動詞は以下の通りです。四段活用＝四　上一段活用＝上一　下一段活用＝下一　上二段活用＝上二　下二段活用＝下二
カ行変格活用＝カ変　サ行変格活用＝サ変　ナ行変格活用＝ナ変　ラ行変格活用＝ラ変
対義語＝対　同義語＝同

合格単語集（基礎編）絶対 406《よろこぶ》 単語

1	あかず【飽かず】（連）	①満足しない。
	対　あく【飽く】（四）	①満足する。
2	あかつき【暁】（名詞）	①夜明け前。未明。
	［注意］「あけぼの」よりも少し早い時刻。	

3	あからさまなり（形動ナリ）	①ほんのちょっと。
4	あくがる【憧る】（下二）	①（魂が）体から抜け出す。②さまよい歩く。③思いこがれる。
5	あけぼの【曙】（名）	①明け方。
6	あさまし（形シク）	①驚きあきれたことだ。驚くばかりだ。②情けない。
7	あし【悪し】（形シク）	①悪い。

［注意一］「悪い！良い！」シリーズ

「あし」と「よし」は積極的と覚えましょう！

あし ①悪い。

対 よし ①良い。

「わろし」と「よろし」は消極的と覚えましょう！

わろし ①良くない。

対 よろし 悪くない。

［注意二］「よし」「よろし」「わろし」は他の意味もあります！ 後で出てくるのでしっかり覚えましょう！

8	あした【朝】（名）	①朝。②翌朝。
9	あそび【遊び】（名）	①詩歌・管弦などの遊び。②遊女。
10	あだなり【徒なり】（形動ナリ） 対 まめなり【実なり】（形動ナリ）	①浮気だ。不誠実だ。 ①まじめだ。誠実だ。
11	あたらし【惜し】（形シク）	①残念だ。惜しい。もったいない。

12	あつし【篤し】（形シク）	①病気が重い。
13	あてなり【貴なり】（形動ナリ）	①身分が高い。高貴である。②優雅だ。上品だ。
14	あな（感）	①ああ。まあ。
15	あない【案内】（名）	①取り次ぎを頼むこと。②内容。事情。
16	あながちなり【強ちなり】（形動ナリ）	①無理だ。強引だ。
17	あなかま（連）	①しっ、静かに。ああ、やかましい。
18	あはれ（感）	①ああ。
19	あはれなり（形動ナリ）	①しみじみと感動する。趣深い。②さびしい。悲しい。③かわいそうだ。④かわいい。
20	あふ【会ふ・逢ふ】（四段）	①出会う。②結婚する。
21	あまた（副） 同　ここだ（副）　ここら（副） そこら（副）	①たくさん。
22	あやし【怪し・奇し・賤し】（形シク）	①不思議だ。神秘的だ。②身分が低い。いやしい。③粗末だ。
23	あやにくなり（形動ナリ）	①意地が悪い。②都合が悪い。あいにくだ。
24	あらまし（名）	①予定。計画。
25	あらまほし（形シク）	①理想的だ。望ましい。
26	ありがたし【有り難し】（形ク）	①めったにない。めずらしい。②（めっだにないほど）すぐれている。

27	ありし【有りし・在りし】(連体)	①以前の。昔の。生前の。［注意］遠い過去
28	ありつる【有りつる・在りつる】(連体)	①先程の。先刻の。［注意］近い過去
29	いうなり【優なり】(形動ナリ)	①優美である。上品だ。②すぐれている。立派だ。
30	いかがはせむ【如何はせむ】(連)	①疑問＝どうしようか。②反語＝どうしようか、いや、どうしようもない。
31	いたづらなり【徒らなり】(形動ナリ)	①むだである。役に立たない。②むなしい。
32	いたづらになる【徒らになる】(慣用)	①むだになる。②死ぬ。
33	いつく【傅く】(四)	①大切に育てる。②大切に世話する。
34	いと(副)	①とても。たいそう。非常に。
35	いとけなし【幼けなし】(形ク) 同 いときなし【幼きなし】(形ク) いはけなし【稚けなし】(形ク)	①幼い。子どもっぽい。あどけない。
36	いとど(副)	①ますます。いっそう。
37	いとほし(形シク)	①気の毒だ。かわいそうだ。②かわいい。
38	いとま【暇】(名)	①ひま。
39	いにしへ【古】(名)	①遠い昔。②過去。
40	いはむかたなし【言はむ方なし】(形ク)	①言いようもない。どうしようもない。

41	いふかひなし【言ふ甲斐無し】（形ク）	①どうしようもない。②つまらない。
42	いふもおろかなり【言ふもおろかなり】（連） 同　いへばおろかなり【言へばおろかなり】（連） いふもさらなり【言ふも更なり】（連） いへばさらなり【言へば更なり】（連） さらにもあらず【更にもあらず】（連） さらにもいはず【更にも言はず】（連） さらなり【更なり】（形動ナリ）	①言うまでもない。
43	いまいまし【忌ま忌まし】（形シク）	①縁起が悪い。不吉だ。②不快だ。
44	います（四・サ変） 同　いますがり（いますかり）（ラ変） いまそがり（いまそかり）（ラ変） おはす（サ変）　おはします（四） まします（四）　ます（四）	①いらっしゃる。
45	いまめかし【今めかし】（形シク）	①現代風である。②わざとらしい。
46	いまやう【今様】（名）	①現代風。当世風。
47	いみじ（形シク）	①並々でない。たいへん〜。 ②すばらしい。③ひどい。恐ろしい。悲しい。

［注意］「いみじ」は文脈判断がとても重要！　よい意味にも悪い意味にもなります。

48	いやし【卑し・賤し】（形シク）	①身分が低い。②みすぼらしい。③下品だ。
49	いらふ【答ふ・応ふ】（下二）	①答える。返事をする。
50	いらへ【答へ・応へ】（名）	①答え。返事。
51	うし【憂し】（形ク）	①つらい。苦しい。嫌だ。
52	うしろめたし【後ろめたし】（形ク） 同 うしろめたなし【後ろめたなし】（形ク）	①気がかりだ。心配だ。不安だ。
	対 うしろやすし【後ろ安し】（形ク）	①安心だ。
53	うす【失す】（下二）	①消える。②姿を消す。③死ぬ。
54	うたて（副）	①ますますひどく。②不快に。情けなく。③気味悪く。
55	うち【内・内裏】（名）	①宮中。②天皇。③内部。
56	うちつけなり【打ち付けなり】（形動ナリ）	①突然だ。②軽率だ。
57	うつくし【愛し・美し】（形シク）	①いとしい。②（小さいものや幼い者に対し）かわいらしい。③立派だ。④きれいだ。
58	うつくしむ【慈しむ・愛しむ】（四）	①かわいがる。愛する。
59	うつつ【現】（名）	①現実。②正気。
60	うへ【上】（名）	①天皇。②宮中。③高貴な人の妻。奥方。④上部。

61	うるさし（形ク）	①わずらわしい。めんどうだ。②すぐれている。立派だ。
62	うるせし（形ク）	①気がきく。賢い。②上手だ。
63	うるはし【麗し・美し】（形シク）	①美しい。立派だ。②きちんとしている。端正だ。
64	うれふ【憂ふ・愁ふ】（下二）	①（嘆きや悲しみを人に）訴える。嘆願する。②嘆く。悲しむ。
65	えんなり【艶なり】（形動ナリ）	①優美である。②色っぽい。
66	おいらかなり（形動ナリ）	①おっとりしている。おだやかである。
67	おうな【嫗・老女】（名） 対　おきな【翁】（名）	①老婆。おばあさん。 ①老人。おじいさん。
68	おきつ【掟つ】（下二）	①計画する。②命令する。③決心する。
69	おくる【後る・遅る】（下二）	①遅れる。②先立たれる。③劣る。
70	おこす【遣す】（下二）	①よこす。送ってくる。
71	おこたる【怠る】（四）	①怠ける。②病気がよくなる。
72	おこなひ【行ひ】（名）	①仏道修行。勤行《ごんぎょう》。
73	おこなふ【行ふ】（四）	①仏道修行をする。勤行する。
74	おと【音】（名）	①うわさ。評判。②音。声。③便り。
75	おとにきく【音に聞く】（連語）	①うわさに聞く。②有名である。
76	おどろおどろし（形シク）	①大げさだ。仰々しい。②気味が悪い。恐ろしい。

77	おどろかす【驚かす】（四）	①目を覚まさせる。②気づかせる。③びっくりさせる。
78	おどろく【驚く】（四）	①目が覚める。②はっと気づく。③びっくりする。
79	おのづから【自ら】（副）	①自然に。②もしも。万一。③偶然に。
80	おぼえ【覚え】（名）	①寵愛を受けること。②評判。人望。
81	おぼしめす【思し召す】（四） 同 おぼす【思す】（四）	①お思いになる。
82	おほす【仰す】（下二）	①おっしゃる。②お命じになる。
83	おほせごと【仰せ言】（名）	①ご命令。
84	おぼつかなし【覚束なし】（形ク） 同 こころもとなし【心許無し】（形ク）	①不安だ。心配だ。②待ち遠しい。③はっきりしない。
85	おほとのごもる【大殿籠る】（四）	①お休みになる。
86	おほやけ【公】（名）	①朝廷。②天皇。③公的なこと。
87	おぼゆ【覚ゆ】（下二）	①思われる。②思い出される。③似る。
88	おもかげ【面影】（名）	①顔かたち。姿。②幻。
89	おもしろし【面白し】（形ク）	①趣深い。風情がある。おもしろい。すばらしい。
90	およすく（およずく）（下二）	①成長する。②大人びる。ませる。
91	おろかなり【疎かなり・愚かなり】（形動ナリ）	①いいかげんだ。おろそかだ。②思慮が浅い。

92	かいまみる【垣間見る】（上一）	①すき間からのぞき見る。
93	かかる【斯かる】（連）	①このような。こういう。
94	かかるほどに【斯かる程に】（連）	①こうしているうちに。
95	かきくらす【掻き暗す】（四）	①空を暗くする。②心を暗くする。③悲しみにくれる。
96	かぎり【限り】（名）	①限度。②最後。臨終。③全部。すべて。
97	かく【斯く】（副）	①このように。
98	かくる【隠る】（下二）	①隠れる。②亡くなる。
99	かげ【影】（名）	①光。②姿。形。③面影。
100	かこつ【託つ】（四）	①不平を言う。②口実にする。他人のせいにする。
101	かしかまし【囂し】（形シク）	①うるさい。やかましい。
102	かしこし【畏し・恐し・賢し】（形ク）	①恐れ多い。②恐ろしい。③すぐれている。すばらしい。
103	かしこまる【畏まる】（四）	①恐縮する。②きちんと座る。
104	かしづく【傅く】（四）	①大切に育てる。②大切に世話をする。
105	かたくななり【頑ななり】（形動ナリ）	①頑固だ。②見苦しい。
106	かたし【難し】（形ク）	①難しい。
107	かたち【形・容・貌】（名）	①顔かたち。容貌。②姿。

108	かたはらいたし【傍ら痛し】(形ク)	①(そばで見ていて)みっともない。(そばで見ていて)見苦しい。②(そばで見ていて)気の毒だ。③(そばで見られて)恥ずかしい。
109	かたみに【互に】(副)	①互いに。
110	かたらふ【語らふ】(四)	①語り合う。②親しくつき合う。③男女が関係を持つ。
111	かち【徒・徒歩】(名)	①徒歩。
112	かなし【愛し】(形シク)	①かわいい。いとしい。
113	かなし【悲し・哀し】(形シク)	①かわいそうだ。
114	かひなし【甲斐無し】(形ク)	①効き目がない。むだである。②取るに足りない。
115	かへし【返し】(名)	①返歌。②返事。
116	かへすがへす【返す返す】(副)	①何度も何度も。
117	かまふ【構ふ】(下二)	①用意する。準備する。②計画する。③造る。
118	からうじて【辛うじて】(副) 同 からくして【辛くして】(副)	①やっとのことで。
119	からうた【唐歌】(名) 対 やまとうた【大和歌】(名)	①漢詩。 ①和歌。
120	からし【辛し】(形ク)	①つらい。②ひどい。③塩からい。

121	～がり【許】（接尾）	①～のもとへ。～の所へ。
122	かりそめなり【仮初なり】（形動ナリ）	①一時的である。はかない。
123	かんだちめ【上達部】（名）	①公卿《くぎょう》。三位《さんみ》以上の貴族のこと。
124	きこえ【聞こえ】（名）	①うわさ。評判。
125	きこしめす【聞こし召す】（四）	①お聞きになる。②召し上がる。③お治めになる。
126	きこゆ【聞こゆ】（下二）	①申し上げる。②お～申し上げる。
127	きよげなり【清げなり】（形動ナリ） 同　きよらなり【清らなり】（形動ナリ） けうらなり【清らなり】（形動ナリ） きよし【清し】（形ク）	①清らかで美しい。
128	きんだち【公達・君達】（名）	①身分の高い貴族の息子。貴公子。若君。②身分の高い貴族の娘。姫君。
	［注意］②の意味はたまにしか出ません。	
129	ぐす【具す】（サ変）	①連れて行く。伴う。②夫婦となる。
130	くちなは【蛇】（名）	①蛇《へび》。
131	くちをし【口惜し】（形シク）	①残念である。くやしい。

132	くまなし【隈無し】（形ク）	①暗いところがない。曇りや影がない。②行きとどいている。
133	くもがくれ【雲隠れ】（名）	①雲に隠れること。②人が隠れて見えなくなること。③（高貴な人の）死。
134	くもゐ【雲居・雲井】（名）	①雲。空。②宮中。③遠く離れた場所。
135	くらうど【蔵人】（名）	①蔵人所《くろうどどころ》の役人。
136	けいす【啓す】（サ変） そうす【奏す】（サ変）	①（皇后や皇太子などに）申し上げる。 ①（天皇や上皇・法皇に）申し上げる。
	［注意］「奏す」も一緒に覚えましょう！	
137	けしき【気色】（名）	①ようす。機嫌。顔色。
138	けしきばむ【気色ばむ】（四）	①思いをほのめかす。②気取る。
139	けに【異に】（副）	①いっそう。格別に。
140	げに【実に】（副）	①本当に。②なるほど。
141	こうず【困ず】（サ変）	①困る。②疲れる。
142	こころあり【心有り】（連） 対 こころなし【心無し】（形ク）	①情趣を解する。②思いやりがある。③思慮分別がある。 ①情趣を解さない。②思いやりがない。③思慮分別がない。
143	こころう【心得】（下二）	①理解する。悟る。②心得がある。
	［注意］ア行下二段活用です。	
144	こころうし【心憂し】（形ク）	①つらい。情けない。②不愉快である。

145	こころぐるし【心苦し】（形シク）	①つらい。②かわいそうだ。気の毒だ。
146	こころざし【志】（名）	①意向。意志。注意。②愛情。③お礼。贈り物。
147	こころづきなし【心付き無し】（形ク）	①気にくわない。心がひかれない。
148	こころづくし【心尽くし】（名）	①いろいろと物思いをすること。
149	こころにくし【心憎し】（形ク）	①奥ゆかしい。心がひかれる。上品だ。
150	こころばせ【心馳せ】（名） 同　こころばへ【心延へ】（名）	①気だて。性質。②心づかい。
151	こころやすし【心安し】（形ク） 同　うしろやすし【後ろ安し】（形ク）	①安心だ。
152	こころやり【心遣り】（名）	①気晴らし。
153	こしかた【来し方】（名） 対　ゆくすゑ【行く末】（名）	①過去。 ①将来。
154	こしのく【腰の句】（名）	①和歌の第三句の五文字。
155	こしをれ【腰折れ】（名）	①下手な歌（「腰折れ歌」の略）。②下手な詩文（「腰折れ文」の略）。
156	こぞ【去年】（名）	①去年。
157	こちたし【言痛し・事痛し】（形ク）	①うるさい。わずらわしい。
158	こちなし【骨無し】（形ク）	①無風流である。②無作法である。
159	ことごころ【異心】（名）	①浮気心。他の人にひかれる心。

160	ことごとし【事事し】（形シク）	①おおげさである。仰々しい。
161	ことのは【言の葉】（名）	①言葉。②和歌。
162	ことひと【異人】（名）	①他人。
163	ことやうなり【異様なり】（形動ナリ）	①普通と違っている。
164	ことわり【理】（名）	①道理。②理由。
165	ことわりなり【理なり】（形動ナリ）	①もちろんである。当然である。
166	ことわる【理る・断る】（四）	①判断する。②説明する。
167	ごらんず【御覧ず】（サ変）	①ご覧になる。
168	さ【然】（副詞）	①そう。そのように。
169	さうざうし（形シク）	①さびしい。物足りない。
170	さうぞきたつ【装束き立つ】（四）	①きれいに着飾る。（下二）きれいに着飾らせる。
171	さうぞく【装束】（名）	①衣服。衣装。
172	ざえ【才】（名）	①学問。（とくに漢詩・漢学の）教養。②才能。技能。
173	さかし【賢し】（形シク）	①賢い。②しっかりしている。③利口ぶる。
174	さかしら【賢しら】（名）	①利口ぶること。②でしゃばること。
175	さがなし（形ク）	①意地が悪い。性格が悪い。②いたずらだ。やんちゃだ。
176	さくもん【作文】（名）	①漢詩。漢詩を作ること。

177	さじき【桟敷】(名)	①見物のために一段高く作った床。
178	さすがに(副)	①そうはいうものの、やはり。やはり。
179	さた【沙汰】(名)	①命令。指図。②処置。③音信。知らせ。④評判。⑤裁き。
180	さだめて【定めて】(副)	①きっと。必ず。
181	さながら【然ながら】(副)	①そのまま。②全部。すべて。
182	さやかなり【清かなり・明かなり】(形動ナリ)	①はっきりしている。②明るい。
183	さらぬ【然らぬ】(連)	①そうでない。それ以外の。
184	さらぬわかれ【避らぬ別れ】(慣用)	①死別。
185	さりぬべし【然りぬべし】(連)	①ふさわしい。適当である。②立派だ。
186	さるべき【然るべき】(連)	①ふさわしい。適当な。②そうなるはずの。そうなる運命の。③立派な。
187	さるまじき【然るまじき】(連)	①そうあってはならない。適当でない。②そうする必要がない
188	しぐれ【時雨】(名)	①秋の終わりから冬のはじめにかけて降ったりやんだりする小雨。
189	しぜん【自然】(名)	①本来の性質。天地万物。
190	しぜん【自然】(副)	①ひとりでに。おのずから。②もしも。万一。
191	したりがほ【したり顔】(名)	①得意顔。

192	しづ【賤】（名）	①身分の低い者。いやしい者。
193	しどけなし（形ク）	①くつろいでいる。②だらしがない。
194	しな【品・科・級】（名）	①品位。品格。②身分。家柄。地位。
195	しのぶ【忍ぶ】（上二）	①我慢する。②人目を避ける。隠す。
196	しのぶ【偲ぶ】（四）	①恋い慕う。なつかしく思う。
197	しるし【験】（名）	①ご利益《りやく》。②効き目。
198	しるし【徴】（名）	①前兆。兆し。
199	しるし【著し】（形ク）	①はっきりしている。明白だ。②予想どおりだ。
	［注意］②は「～もしるく」の形で用いられる時が多いです。	
200	しろしめす【知ろし召す】（四）	①お知りになる。おわかりになる。②お治めになる。
201	しんだん（しんたん）【震旦】（名）	①中国。
202	ずいじん【随身】（名）	①貴人が出かける時に警護の役をした近衛府《このえふ》の武官。②従者。お供。
203	すかす【賺す】（四）	①だます。②おだてる。③なだめる。
204	すき【好き・数寄】（名）	①好色。色好み。②風流の道。風雅の道。③風流の道に心を寄せること。
205	すきずきし【好き好きし】（形シク）	①色好みだ。浮気だ。②風流だ。
206	すきもの【好き者】（名）	①好色な人。②風流人。

207	すくせ【宿世】（名）	①前世からの因縁。宿命。
208	すずろなり（そぞろなり）【漫ろなり】（形動ナリ）	①なんとなく。②むやみやたらに。③思いがけない。
209	すなはち【即ち・則ち】（副）	①すぐに。（接続詞）①つまり。②そこで。
210	すべ【術】（名）	①手段。方法。
211	すべきかたなし【為べき方無し】（連語） 同　すべきやうなし【為べき様無し】（連語） すべなし【術無し】（形ク） ずちなし（じゅつなし）【術無し】（形ク） せむかたなし【為む方無し】（形ク）	①どうしようもない。
212	すまふ【争ふ・辞ふ】（四）	①抵抗する。争う。②辞退する。断る。
213	すまふ【住まふ】（四）	①住み続ける。
214	せうそこ【消息】（名）	①手紙。便り。伝言。②訪問すること。取り次ぎを頼むこと。
215	せちなり【切なり】（形動ナリ）	①いちずである。ひたすらである。②大切である。③無理矢理である
216	せみごゑ【せみ声】（名）	①しぼり出すような声。苦しげな声。
217	せんざい【前栽】（名）	①庭の植え込み。
218	せんじ【宣旨】（名）	①天皇の命令を述べ伝えること。②天皇の命令を伝える文書。
219	そしる【謗る・誹る】（四）	①非難する。悪く言う。けなす。

220	そねみ【嫉み】（名）	①嫉妬。ねたみ。
221	そらごと【空言・嘘言】（名）	①うそ。偽り。
222	そらだのめ【空頼め】（名）	①当てにならないことを期待させること。
223	そらなき【空泣き】（名）	①うそ泣き。
224	そらなり【空なり】（形動ナリ）	①上の空である。②いい加減である。
225	そらね【空寝】（名）	①寝たふりをすること。たぬき寝入り。
226	そらね【空音】（名）	①そら耳。聞き違い。②鳴きまね。
227	たぐひなし【比無し・類無し】（形ク）	①並ぶものがない。匹敵するものがない。
228	ただならず【徒ならず】（連）	①普通でない。②妊娠している。
	［注意］②の場合、下に動詞「なる」を伴うことが多いです。	
229	ただなり【徒なり・只なり】（形動ナリ）	①普通だ。②むだだ。むなしい。
230	ただびと【徒人・直人】（名）	①一般の貴族。②臣下。③（神仏に対して）普通の人間。
231	たづき【方便】（名）	①手段。方法。手がかり。
232	たのむ【頼む】（四）	①頼りにする。②信じる。（下二）①頼みに思わせる。
233	たのもし【頼もし】（形シク）	①頼りになる。②信じられる。③裕福だ。
234	たばかる【謀る】（四）	①計画を立てる。工夫する。②だます。

235	たはぶる【戯る】(下二)	①ふざける。からかう。
236	たはぶれごと【戯れ言】(名)	①冗談。
237	ためし【例・試し】(名)	①例。前例。②手本。
238	たより【頼り・便り】(名)	①よりどころ。頼れるもの。②縁故。つて。 ③機会。ついで。④便利。手段。 ⑤手紙。訪れ。
239	ちぎる【契る】(四)	①約束する。②夫婦の関係を結ぶ。
240	ついたち【朔日】(名) 対 つごもり【晦・晦日】(名)	①月の初めごろ。上旬。②月の最初の日。 ①月の終わりごろ。下旬。②月の最終日。みそか。
241	つきづきし(形シク) 対 つきなし(形ク)	①ふさわしい。似つかわしい。 ①ふさわしくない。似つかわしくない。
242	つたなし【拙し】(形ク)	①下手だ。②劣っている。愚かだ。③不運だ。
243	つつまし【慎まし】(形シク)	①遠慮される。気が引ける。②恥ずかしい。
244	つつむ【慎む】(四)	①遠慮する。
245	つとめて(名)	①翌朝。②早朝。
246	つぼね【局】(名)	①(上級女官・女房の)部屋。②(①を持つ)女官。(①を持つ)女房。
247	つらづゑ【頬杖】(名)	①ほおづえ。
248	つれづれなり【徒然なり】(形動ナリ)	①することがなく退屈だ。手持ちぶさただ。所在ない。

249	つれなし（形ク）	①冷淡だ。②平然としている。そしらぬふりをしている。
250	て【手】（名）	①手。②筆跡。文字。③技量。腕前。④手段。方法。⑤傷。
251	てんじゃうびと【殿上人】（名）	①清涼殿《せいりょうでん》の殿上の間に昇殿を許された貴族。
252	てんぢく【天竺】（名）	①インド。
253	とうぐう【東宮・春宮】（名）	①皇太子。②皇太子のいる宮殿。
254	とが【咎・科】（名）	①罪。②過失。③短所。
255	ときめく【時めく】（四）	①時流に乗って栄える。②寵愛を受ける。
256	ところせし【所狭し】（形ク）	①場所が狭い。②（心理的に）窮屈だ。気詰まりだ。③堂々としている。④おおげさだ。
257	とし【疾し】（形ク）	①はやい。
258	とふ【問ふ・訪ふ】（四）	①尋ねる。安否を尋ねる。②訪問する。見舞う。③弔《とむら》う。
259	とぶらふ【訪ふ・弔ふ】（四）	①尋ねる。②訪問する。見舞う。③供養する。
	［注意］③の時は【弔ふ】平仮名で「とぶらふ」と出る時が多いので、文脈判断しましょう。	
260	とみなり【頓なり】（形動ナリ）	①急である。
261	とよむ【響む】（四）	①鳴り響く。②大声で騒ぐ。
262	なかなか（副）	①かえって。②なまじっか。
263	なかなかなり（形動ナリ）	①中途半端だ。かえってしないほうがよい。

264	ながむ【眺む】（下二）	①物思いにふける。②見渡す。
265	なごり【名残】（名）	①心残り。別れを惜しむこと。②別れ。
266	なさけ【情け】（名）	①風流心。②風情。③思いやり。④恋心。
267	なつかし【懐かし】（形シク）	①心がひかれる。②親しみやすい。
268	など（副）	①どうして。なぜ。
269	なにかはせむ【何にかはせむ】（連）	①なんになろうか、いや、なんにもならない。

［注意］「反語」を表す。

270	なのめならず【斜めならず】（連）	①並一通りでない。格別だ。
271	なのめなり【斜めなり】（形動ナリ）	①並一通りでない。格別だ。②並一通りだ。平凡だ。ありふれている。③いいかげんだ。

［注意］①は「なのめならず」と同じ意味。中世以降の用法。

272	なべて【並べて】（副）	①並一通り。普通。②すべて。一般に。
273	なべてならず【並べてならず】（慣用）	①並一通りでない。普通でない。格別だ。
274	なほ【猶・尚】（副）	①やはり。
275	なほざりなり【等閑なり】（形動ナリ）	①いいかげんだ。
276	なまめかし【生めかし・艶めかし】（形シク）	①優美である。②みずみずしい。
277	なめし（形ク）	①無礼だ。失礼だ。無作法だ。

278	なやまし【悩まし】（形シク）	①気分が悪い。
279	なやむ【悩む】（四）	①病気になる。②苦しむ。
280	にはかなり【俄なり】（形動ナリ）	①突然だ。急だ。
281	にほひ【匂ひ】（名）	①色つや。つやのある美しさ。②かおり。
282	ぬか【額】（名）	①ひたい。②礼拝。
283	ぬかづく【額突く】（四）	①額を地につけて拝む。
284	ねたし【妬し】（形ク）	①憎らしい。②くやしい。
285	ねぶ（上二）	①成長する。大人びる。ませる。②老ける。年を取る。
286	ねをなく【音を泣く】（慣用）	①声を出して泣く。
287	ねんごろなり（ねむごろなり）【懇ろなり】（形動ナリ）	①熱心だ。丁寧だ。②仲がよい。むつまじい。
288	ねんず【念ず】（サ変）	①祈る。②我慢する。
289	のどけし【長閑けし】（形ク）	①のどかだ。穏やかだ。②のんびりしている。
290	ののしる【罵る】（四）	①大声で騒ぐ。
291	のわき【野分】（名）	①台風。
292	はかなくなる【果無くなる・果敢無くなる】（慣用）	①死ぬ。

293	はかなし【果無し・果敢無し】（形ク）	①頼りない。②むなしい。③取るに足りない。ちょっとした。
294	はかばかし（形シク）	①てきぱきしている。②しっかりしている。③はっきりしている。
295	ばかり（副助）	①（程度・範囲を表し）〜ほど。〜ぐらい。②（限定を表し）〜だけ。〜のみ。
296	はぐくむ【育む】（四）	①大切に世話をする。養育する。②親鳥がひなを羽で包んで育てる。
297	はしたなし【端なし】（形ク）	①中途半端だ。②きまりが悪い。③（程度が）激しい。ひどい。
298	はづかし【恥づかし】（形シク）	①（こちらが恥ずかしくなるくらい）立派だ。すぐれている。②きまりが悪い。
299	はつかなり（形動ナリ）	①ほんの少し。
300	はばかる【憚る】（四）	①遠慮する。
301	はら【腹】（名）	①その女性の腹から生まれた子。②腹部。③考え。
302	はらから【同胞】（名）	①兄弟。姉妹。
	［注意］兄弟、姉妹の中で年下の者を「おとうと」と言います。この単語も覚えましょう。おとうと［弟・妹］（名）①弟。妹。	
303	ばんぜい【万歳】（名）	①いつまでも栄えること。②めでたいこと。
304	ひがこと【僻事】（名）	①間違い。誤り。
305	ひがみみ【僻耳】（名）	①聞き違い。

306	ひごろ【日頃】（名）	①数日来。数日の間。②ふだん。
307	つきごろ【月頃】（名）	①数か月来。数か月の間。
308	としごろ【年頃】（名）	①数年来。数年の間。長年の間。
	［注意］「ひごろ」「つきごろ」「としごろ」とセットで覚えましょう！	
309	ひたぶるなり【一向なり・頓なり】（形動ナリ）	①いちずである。ひたすらである。
310	ひとやりならず【人遣りならず】（慣用）	①自分の意志でする。
311	ひねもす【終日】（副） 対 よもすがら【夜もすがら】（副）	①一日中。朝から晩まで。 ①一晩中。夜通し。
312	ひま【隙・暇】（名）	①すきま。②合間。③時間。
313	びんなし【便無し】（形ク） 同 ふびんなり【不便なり・不憫なり】（形動ナリ）	①不都合だ。 ②気の毒だ。かわいそうだ。
314	ふす【伏す・臥す】（四）	①うつぶせになる。②横になる。寝る。
315	ふみ【文】（名）	①書物。文書。②手紙。③漢詩。④学問。（とくに）漢学。
316	ふるさと【古里・故郷】（名）	①旧都。②故郷。③実家。④なじみの土地。
317	ほい【本意】（名）	①本来の意志。本来の目的。かねてからの希望。

318	ほいなし【本意無し】（形ク）	①不本意だ。残念だ。
319	ほど【程】（名）	①時。〜ころ。〜うち。②広さ。距離。③身分。地位。家柄。④年齢。
320	まうく【設く・儲く】（下二）	①用意する。準備する。
321	まうけ【設け・儲け】（名）	①用意。準備。②ごちそう。もてなし。
322	まがまがし【禍禍し】（形シク）	①不吉である。縁起が悪い。②憎らしい。
323	まさなし【正無し】（形ク）	①よくない。不都合だ。②思いがけない。③みっともない。
324	まどふ【惑ふ】（四）	①迷う。②心が乱れる。思い悩む。③（動詞の連用形の下について）ひどく〜する。
325	まな【真名・真字】（名） 対　かな【仮名】（名）	①漢字。 ①平仮名。②片仮名。

［注意一］「仮名」は、「平仮名」を指すことが多いです。

［注意二］当時、漢字は男性が数多く使用しました。平仮名は女性が多く使用しました。「手」には「文字」という意味がありましたね。それらをしっかりと頭に入れて、次の単語を覚えましょう。

をとこもじ【男文字】（名）
同　をとこで【男手】（名）　①漢字。
対　をんなもじ【女文字】（名）
同　をんなで【女手】（名）　①平仮名。

326	まねぶ【学ぶ】（四）	①学ぶ。②まねをする。③（見たり聞いたりしたことを）そのまま話す。
327	まめまめし【実実し・忠実忠実し】（形シク） 同 まめなり【実なり・忠実なり】（形動ナリ） まめやかなり【実やかなり・忠実やかなり】（形動ナリ）	①誠実だ。まじめだ。②実用的だ。
328	まもる（まぼる）【守る】（四）	①見つめる。②守る。
329	みぐしおろす【御髪下ろす】（慣用） 同 かしらおろす【頭下ろす】（慣用） かたちをかふ【形を変ふ】（慣用） さまかふ【様変ふ】（慣用） よをすつ【世を捨つ】（慣用） よをそむく【世を背く】（慣用） よをはなる【世を離る】（慣用） よをのがる【世を遁る】（慣用）	①出家する。
330	みぐるし【見苦し】（形シク）	①みっともない。醜い。②見ていてつらい。
331	みそかなり【密かなり】（形動ナリ）	①こっそりしている。内緒だ。
332	みなひと【皆人】（名）	①その場にいる人全員。すべての人。
333	みる【見る】（上一）	①見る。会う。②男女関係を結ぶ。結婚する。③世話をする。

334	むげに【無下に】（副）	①むやみに。ひどく。
335	むつまし【睦まし】（形シク）	①親しい。②なつかしい。心がひかれる。
336	むべ【宜・諾】（副） 同 うべ【宜・諾】（副）	①なるほど。いかにも。
337	めざまし【目覚まし】（形シク）	①気にくわない。②すばらしい。立派だ。
338	めづ【愛づ】（下二）	①愛する。かわいがる。②ほめる。感心する。
339	めづらし【珍し】（形シク）	①すばらしい。②珍しい。③目新しい。
340	めでたし【愛でたし】（形ク）	①すばらしい。すぐれている。立派だ。
341	めやすし【目安し】（形ク）	①感じがよい。見苦しくない。
342	めんぼく【面目】（名）	①名誉。②世間への顔向け。
343	もてなす【もて成す】（四）	①とり行う。②ふるまう。③取り扱う。待遇する。
344	ものいみ【物忌み】（名）	①神事のため、一定期間飲食や言行を慎み、身を清めること。②陰陽道で、家にこもり身を慎むこと。
345	ものがたり【物語】（名）	①世間話。話。②物語。
346	ものぐるほし【物狂ほし】（形シク）	①気が変になりそうだ。どうかしている。
347	ものす【物す】（サ変）	①ある。いる。②行く。来る。③書く。④言う。⑤食べる。⑥する
	［注意］①〜⑥の意味が頻出です。「ものす」は文脈判断してください。いろんな意味になる動詞です。	
348	もろこし【唐土】（名）	①中国。

349	もろともに【諸共に】(副)	①一緒に。
350	やうやう【漸う】(副)	①しだいに。だんだん。
351	やがて【軈て・頓て】(副)	①すぐに。②そのまま。
352	やさし【優し・恥し】(形シク)	①優美である。上品である。②恥ずかしい。③つらい。
353	やすし【易し】(形ク)	①容易である。簡単だ。無造作だ。
354	やすし【安し】(形ク)	①心が穏やかである。心が安らかである。
355	やすらふ【休らふ】(四)	①ためらう。躊躇する。②滞在する。③休む。立ち止まる。
356	やつす【俏す・窶す】(四)	①目立たないように姿を変える。みすぼらしくする。②出家する。
357	やむごとなし(やんごとなし)(形ク)	①この上ない。格別だ。②高貴である。
358	やる【遣る】(四)	①(気を)晴らす。②行かせる。③送る。与える。
359	やをら(副)	①そっと。
360	ゆかし(形シク)	①見たい。聞きたい。知りたい。読みたい。②心がひかれる。
361	ゆかり【縁】(名)	①関係があること。縁。血縁。縁者。
362	ゆくりなし(形ク)	①思いがけない。突然である。
363	ゆふさる【夕さる】(四)	①夕方になる。

364	ゆゆし（形シク）	①恐れ多い。②不吉だ。縁起が悪い。③恐ろしい。気味が悪い。④すばらしい。立派だ。⑤（程度が）はなはだしい。
365	ゆるす【許す・赦す】（四）	①解放する。②許可する。認める。③免除する。
366	ゆゑ【故】（名）	①原因。理由。②風情。趣。③由緒。④～のために。～によって。
367	ゆゑゆゑし【故故し】（形シク）	①由緒ありげだ。
368	よ【世・代】（名）	①生涯。②世間。世の中。③時代。④男女の仲。夫婦の仲。
369	よし【良し・好し・善し】（形ク）	①よい。すぐれている。②身分が高い。教養がある。④上手だ。⑤美しい。
370	よし【由】（名）	①理由。②由緒。由来。③縁。④手段。方法。⑤～こと。
371	よしなし【由無し】（形ク）	①理由がない。②縁がない。③手段がない。方法がない。④つまらない。
372	よすが【縁・因・便】（名）	①身を寄せる所。ゆかり。②頼りとする縁者。③手段。方法。
373	よなる【世慣る・世馴る】（下二）	①世間に慣れる。②男女の交際に慣れる。
374	よのなか【世の中】（名）	①男女の仲。夫婦の仲。②世間。
375	よばふ【呼ばふ】（四）	①呼び続ける。②求婚する。

376	よろし【宜し】（形シク）	①悪くない。②ふさわしい。適当である。③普通である。
377	よろづ【万】（名）	①すべてのこと。万事。②さまざまなこと。
378	らうあり【労あり】（慣用）	①経験を積んでいる。
379	らうがはし【乱がはし】（形シク）	①やかましい。騒がしい。②乱雑だ。
380	らうたし【労たし】（形ク）	①かわいらしい。いとしい。
381	らうどう【郎等】（名）	①家来。
382	らうらうじ【労労じ】（形シク）	①洗練されている。もの慣れしている。②気高く美しい。
383	れいならず【例ならず】（連）	①いつもと違う。②病気である。
384	れいの【例の】（連）	①いつもの。②いつものように。 例の＋体言（名詞）＝「いつもの」 例の＋用言＝「いつものように」
385	れう【料】（名）	①ため。理由。目的。②材料。③代金
386	わく【別く・分く】（四）	①区別する。②理解する。判断する。
387	わくらばに（副）	①たまたま。偶然に。
388	わざ【業】（名）	①行い。行為。②仕事。③仏事。④～こと。
389	わざと【態と】（副）	①わざわざ。②特別に。
390	わたらせたまふ【渡らせ給ふ】（連）	①いらっしゃる。

391	わたる【渡る】（四）	①移動する。②（動詞の連用形の下について）ずっと～し続ける。③（動詞の連用形の下について）一面に～する。
392	わづらふ【煩ふ】（四）	①悩む。苦しむ。②困る。③病気になる。④（動詞の連用形の下について）～しかねる。
393	わななく【戦慄く】（四）	①ふるえる。
394	わびし【侘びし】（形シク）	①つらい。②寂しい。③物足りない。③みすぼらしい。
395	わぶ【侘ぶ】（上二）	①つらく思う。嘆く。②困る。③落ちぶれる。④（動詞の連用形の下について）～しかねる。
396	わりなし（形ク）	①道理に合わない。むちゃくちゃだ。②どうしようもない。③つらい。
397	わろし【悪し】（形ク）	①良くない。②美しくない。③下手である。
398	ゐる【居る】（上一）	①座る。②止まっている。
399	ゐる【率る】（上一）	①引き連れる。
400	ゑんず【怨ず】（サ変）	①恨みごとを言う。不満を漏らす。恨む。
401	をかし（形シク）	①趣深い。風情がある。②すばらしい。美しい。③滑稽である。
402	をこがまし【痴がまし】（形シク）	①ばからしい。
403	をこなり【痴なり・烏滸なり・尾籠なり】（形動ナリ）	①愚かだ。ばかげている。
404	をめく【喚く】（四）	①大声で叫ぶ。わめく。

405	をりふし【折節】（副）	①ちょうどその時。（名）①季節。時節。
406	をんなどち【女どち】（名）	①女どうし。

［注意］どち（名）①友達。仲間。（接尾）②〜どうし。
②は名詞に付きます。「女どち」の「どち」は②の用法。

合格単語集（発展編）絶対117《いいな》合格単語

1	あいぎゃう【愛敬】（名）	①かわいらしさ。②敬愛すること。
2	あいなし（形ク）	①つまらない。気にくわない。
3	あいなだのみ【あいな頼み】（名）	①あてにならない期待。
4	あさむ（四）	①驚きあきれる。驚く。
5	あぢきなし【味気無し】（形ク）	①つまらない。②まともでない。
6	あへなし【敢へ無し】（形ク）	①はりあいがない。②どうしようもない。
7	あやなし【文無し】（形ク）	①筋が通らない。わけがわからない。
8	あらがふ【争ふ】（四）	①言い争う。②賭《かけ》をする。
9	あるじ【主・饗】（名）	①主人。②ごちそうすること。もてなし。

［注意］①＝【主】②＝【饗】

10	あるじまうけ【饗設け】（名）	①ごちそうすること。もてなし。
11	いかめし【厳めし】（形シク）	①威厳がある。②盛大である。
12	いぎたなし【寝汚し・寝穢し】（形ク）	①寝坊である。
13	いざたまへ【いざ給へ】（連）	①さあ、いらっしゃい。
14	いそぎ【急ぎ】（名詞）	①急ぐこと。②支度。準備。用意。
15	いたし【甚し】（形ク）	①並々でない。激しい。②すばらしい。
16	いぶかし【訝し】（形シク）	①気がかりだ。②見たい。聞きたい。知りたい。
17	いぶせし（形ク）	①気持ちが晴れない。うっとうしい。②気がかりだ。③不快だ。
18	いまはのきは【今はの際】（慣用） 同 いまはのとじめ【今はのとぢめ】（慣用）	①臨終のとき。
19	いむ【忌む・斎む】（四）	①身を清めてつつしむ。②不吉なこととして避ける。
20	いも【妹】（名） 対 せ【夫・兄・背】（名）	①〔男性が女性を親しんで呼ぶ言葉〕①あなた。妻。恋人。姉妹。 ②〔女性が男性を親しんで呼ぶ言葉〕①あなた。夫。恋人。兄弟。
21	うしろみ【後ろ見】（名）	①後見人。②世話をすること。
22	うつろふ【移ろふ】（四）	①移る。②変化する。③色あせる。 ④（花が）散る。⑤心変わりする。
23	うとし【疎し】（形ク）	①親しくない。疎遠だ。②よく知らない。

24	うとまし【疎まし】（形シク）	①嫌だ。②気味が悪い。
25	えならず（連）	①何とも言えないほどすばらしい。②並々でない。
26	えもいはず【えも言はず】（連語）	①何とも言いようがない。
27	おとなし【大人し】（形シク）	①大人びている。②年配で思慮分別がある。
28	おほけなし（形ク）	①身の程をわきまえない。②恐れ多い。
29	おぼろけならず（連）	①並一通りでない。格別だ。
30	おぼろけなり（形動ナリ）	①並一通りだ。ありきたりだ。②並一通りでない。格別だ。
	［注意］②は「おぼろけならず」と同じ意味になります。	
31	おもてうた【面歌】（名）	①代表的秀歌。
32	おもておこし【面起こし】（名） 対 おもてぶせ【面伏せ】（名）	①面目を施すこと。名誉を回復すること。 ①面目ないこと。不名誉。
33	おもなし【面無し】（形ク）	①面目ない。②あつかましい。
34	おもひくたす【思ひ腐す】（四）	①軽蔑する。
35	かたじけなし【忝し・辱し】（形ク）	①もったいない。恐れ多い。②恥ずかしい。
36	かたほなり【片秀なり】（形動ナリ） 対 まほなり【真秀なり】（形動ナリ）	①不完全である。不十分である。未熟である。 ①完全である。十分である。よく整っている。
37	かづく【被く】（四）	①頭にかぶる。②（ほうびの品を）左の肩にかける。③いただく。 （下二）①頭からかぶせる。②与える。

38	かづく【潜く】（四）	①水にもぐる。（下二）①水にもぐらせる。
39	かどかどし【才才し】（形シク）	①才能がある。賢い。
40	きは【際】（名）	①身分。家柄。②程度。③端。
41	けうなり【希有なり・稀有なり】（形動ナリ）	①めったにない。珍しい。②とんでもない。
42	けさう【懸想】（名）	①思いを寄せること。恋。
43	けしうはあらず【異しうはあらず】（連語）	①（容姿・性質・才能などが）悪くはない。
44	けやけし【尤けし】（形ク）	①きわだっている。②きっぱりしている。③異様だ。
45	ここのへ【九重】（名）	①宮中。②幾重にも重なること。
46	こころおとり【心劣り】（名） 対　こころまさり【心勝り】（名）	①期待はずれ。幻滅。 ①予想よりも優れていると思われること。
47	ござんなれ（連）	①〜であるようだ。
48	ごへん【御辺】（代）	①あなた。
49	こまやかなり【細やかなり・濃やかなり】（形動ナリ）	①こまごましている。②詳しい。③親密だ。④色が濃い。
50	こめかし【子めかし・児めかし】（形シク）	①子どもっぽい。おっとりしている。

51	こよなし（形ク）	①この上ない。格別である。②格段に優れている。③格段に劣っている。
52	さうなし【双無し】（形ク）	①並ぶものがない。比べようがないくらいすぐれている。
53	さうなし【左右無し】（形ク）	①ためらわない。たやすい。②あれかこれか決まらない。
54	さはる【障る】（四）	①邪魔になる。妨げられる。②都合が悪くなる。
55	ざふしき【雑色】（名）	①雑役を務めた無位の役人。②下男。
56	さもあらばあれ【然も有らば有れ】（慣用）	①どうとでもなれ。②なにはともあれ。
57	ざんげん【讒言】（名）	①告げ口。中傷。
58	しかじ【及かじ・若かじ・如かじ】（連）	①～に越したことはないだろう。②～に及ばないだろう。
	［注意］「じ」は打消推量の助動詞です。	
59	しかず【及かず・若かず・如かず】（連）	①～に越したことはない。②～に及ばない。
60	しげし【繁し・茂し】（形ク）	①草木が生い茂っている。②たくさんある。
61	したたむ【認む】（下二）	①整理する。処理する。②準備する。③書き記す。④食べる。⑤支配する。
62	しのびあへず【忍び敢へず】（慣用）	①こらえきれない。
63	しのびね【忍び音】（名）	①声をおさえて泣くこと。②ほととぎすの初音《はつね》。
64	しはぶく【咳く】（四）	①せきをする。②せき払いをする。

65	しほたる【潮垂る】（下二）	①涙を流す。涙で袖がぬれる。②潮水にぬれる。
66	しゃうず【請ず】（サ変）	①招く。招待する。
67	しりうごと【後言】（名）	①陰口。
68	しれもの【痴れ者】（名）	①愚か者。②物事に心を打ち込んでいる人。
69	すくよかなり【健よかなり】（形動ナリ）	①しっかりしている。②無愛想だ。
70	すごし【凄し】（形ク）	①恐ろしい。もの寂しい。②（ぞっとするほど）すばらしい。
71	すさまじ【凄まじ・荒まじ】（形シク）	①おもしろくない。興ざめだ。②殺風景だ。③（程度が）はなはだしい。はげしい。ひどい。
72	すさむ【進む・遊む・荒む】（下二）	①心に留める。②嫌う。（四）①気の向くままに～する。
73	すゑ【末】（名）	①端。②下旬。晩年。終わり。③将来。のち。④子孫。跡継ぎ。⑤（和歌の）下の句。
74	すゑずゑ【末末】（名）	①先端。②将来。③子孫。年下の者。④身分の低い者。しもじも。
75	すゑつかた【末つ方】（名）	①終わりの頃。
76	せうと【兄人】（名）	①兄。弟。兄弟。
	［注意］女性から見て男性の兄弟。	
77	せきもり【関守】（名）	①関所の番人。関所を守る役人。
78	せめて（副）	①無理に。②切実に。非常に。

79	せんだつ（せんだち）【先達】（名）	①（その道の）先輩。先人。②案内者。指導者。
80	せんなし【詮無し】（形ク）	①仕方がない。無意味である。
81	そこはかとなし【そこはかと無し】（形ク）	①とりとめもない。②（場所・理由などが）はっきりしない。
82	そこばく【若干・幾許】（副）	①たくさん。
83	そのかみ【其の上】（名）	①その当時。②過去。昔。
84	そばむ【側む】（四）	①横を向く。②すねる。 （下二）①横へ向ける。②（目を）そらす。
85	それがし【某】（代）	①だれそれ。②私。
	［注意］②の意味は中世以降。そして男件が使用。	
86	たいだいし【怠怠し】（形シク）	①もってのほかだ。不都合だ。
87	だうしん【道心】（名）	①仏教を深く信仰する心。
88	たくみ【工・匠・巧み】（名）	①職人。大工。②工夫。たくらみ。
89	たけし【猛し】（形ク）	①勢いが盛んである。②勇ましい。
90	たま【玉・珠】（名）	①美しい石。真珠。②美しいもののたとえ。
91	たまのを【玉の緒】（名）	①命。②玉を貫くひも。
92	たゆむ【弛む】（四）	①油断する。②勢いが弱まる。
93	つかさ【司】（名）	①役所。②役人。③官職。

94	つかさかうぶり【官冠】（名）	①官職と位階。官位。
95	てうず【調ず】（サ変）	①調達する。②調理する。③（祈祷により、悪霊などを）退散させる。調伏する。④こらしめる。
96	とざまかうざま（副）	①あれやこれや。さまざま。
97	なくに（連語）	①〜ないのに。②〜ないのだから。③〜ないのだなあ。
98	なにがし【何某・某】（代）	①だれそれ。どこそこ。②私。
	［注意］②は男性が使用。	
99	ひがひがし【僻僻し】（形シク）	①ひねくれている。情趣を解さない。
100	ひとわろし【人悪し】（形ク）	①みっともない。体裁が悪い。
101	ひな【鄙】（名）	①田舎。
102	ひなぶ【鄙ぶ】（上二）	①田舎風になる。
103	ふすま【衾・被】（名）	①夜具。かけ布団。
104	ほだし【絆】（名）	①障害となるもの。②心を引き止めるもの。
105	ほんてう【本朝】（名）	①日本。
106	まじらふ【交じらふ】（四）	①まじる。②交際する。宮仕えする。
107	まだき【夙・未だき】（副）	①早くも。もう。
108	まだし【未だし】（形シク）	①まだ早い。②不十分である。

109	まばゆし【目映し・眩し】（形ク）	①まぶしい。②光り輝くほど美しい。③恥ずかしい。④（程度がはなはだしくて）目をそむけたくなる。
110	まらうと（まらうど）【客人・賓】（名）	①客。訪問者。
111	まらうとざね【客人実】（名）	①主賓。正客。主となる客。
112	みまかる【身罷る】（四）	①死ぬ。亡くなる。
113	みめ【見目・眉目】（名）	①見た目。②顔かたち。容貌。③面目。
114	みやび【雅び】（名）	①上品で優雅なこと。風雅なふるまい。風流。
115	むつかし【難し】（形シク）	①不快だ。めんどうだ。②気味が悪い。
	〔注意〕「むつかし」には「気味が悪い」という意味がありました。「むくつけし」も同じ意味を持っています。この単語も覚えてしまいましょう。むくつけし（形ク）①気味が悪い。②風流心がない。	
116	やまがつ【山賤】（名）	①山里に住む身分の低い者。②粗末な家。
117	わぎも【吾妹・我妹】（名）	①わが妻。おまえ。
	〔注意〕男性が親しい女性を呼ぶ語。	

〈プロフィール〉

皆吉淳延（みなよし あつのぶ）

小学校から落ちこぼれ、学力不振に悩まされ続けた。中学校の通知表はオール２。高校受験では全日制高校に落ち、県立の定時制高校になんとか合格した。しかし、いい加減な学校生活を送り中退となる。

その後、通信制高校と併用し大検（現在の高認試験）を取得。猛勉強の末、大学合格を果たす。大学で初めて学問の楽しさを知り、大学院へ進学する。

大学院修了後は高校教師を経て、教育評論家・予備校講師となる。

早稲田ゼミナール講師として、毎年多くの受験生を志望校合格へ導いている。

早稲田大学教育学部で特別講師を務めたこともある。

自らの経験を活かし、楽しくてわかりやすい授業を目指し活動している。


主な著書「偏差値30どん底からの大学受験」「中学受験絶対親力」（エール出版社刊）「落ちこぼれだった僕が先生になって考えたこと」「落ちこぼれだった僕がいじめについて考えたこと」（朱鳥社刊）

ブログ「辛さは幸せへの架け橋」を公開中。
http://ameblo.jp/shiyobuno7

夢をかなえる古典文法
皆吉《みなよし》のスペシャル授業

編著者　皆　吉　淳　延
発行者　武　村　哲　司
印刷・製本　東京電化株式会社

発行所　株式会社 開　拓　社
〒113-0023　東京都文京区向丘１丁目５番２号
電話〈営業〉(03)5842-8900　〈編集〉(03)5842-8902
振替口座　00160-8-39587

ISBN978-4-7589-3524-1　C7381　装丁／中村志保子　挿絵／町田敦子